MANGER BIEN VIVRE MIEUX

*l'*INTOLÉRANCE

au

GLUTEN

© Copyright pour l'édition originale : Murdoch Books®, un département de Murdoch Magazines Pty Ltd.

Murdoch Books® Australia – GPO Box 1203 – Sydney NSW 2001
Tél. + 61 (0) 2 8220 2000 – Fax + 61 (0) 2 8220 2020

Murdoch Books UK Limited – Ferry House – 51-57 Lacy Road – Putney, Londres SW15 1PR
Tél. + 44 (0) 20 8355 1480 – Fax + 44 (0) 20 8355 1499

Direction générale : Juliet Rogers
Direction de la publication : Kay Scarlett

Conception : Vivien Valk
Direction éditoriale : Emma Hutchinson
Responsable d'édition: Zoë Harpham
Consulting recettes et nutrition : Michelle Earl
Conception maquette : Susanne Geppert
Conception artistique : Anthony Vandenberg
Photographie : Ian Hofstetter
Stylisme : Jane Collins et Katy Holder
Préparation des mets : Joanne Kelly et Grace Campbell
Recettes : Michelle Earl et les membres de la Murdoch Books Test Kitchen
Production: Adele Troeger

Titre original: *Eat Well Live Well : with Gluten Intolerance*

© Copyright 2008 pour l'édition française

FIOREDITIONS

Réalisation : *In*Texte

ISBN : 978-88-7525-105-5

Imprimeur : Fratelli SPADA spa – Rome – Italie

IMPORTANT : les personnes susceptibles de souffrir des effets d'une contamination par les salmonelles (personnes âgées, femmes enceintes, jeunes enfants, personnes atteintes de déficiences immunitaires) se doivent de consulter leur médecin au sujet de la consommation des œufs crus.

GUIDE DE CONVERSION : les temps de cuisson peuvent varier en fonction du four utilisé. Pour les fours à chaleur tournante, on réglera généralement la température à 20 °C de moins que celle qui est indiquée dans la recette. Les cuillerées à soupe contiennent 20 ml, soit 4 cuillerées à café. Si vous utilisez une cuillerée à soupe de 15 ml, soit 3 cuillerées à café), pour la plupart des recettes la différence sera insignifiante. Toutefois, pour les recettes qui font appel à de la levure chimique, de la gélatine, du bicarbonate ou à de petites quantités de farine et d'amidon de maïs, ajoutez alors une cuillerée à café pour chaque cuillerée à soupe indiquée.

MANGER BIEN VIVRE MIEUX

l'INTOLÉRANCE

au

GLUTEN

Introduction de Susanna Holt (nutritionniste)

FIOREDITIONS

VIVRE AVEC UNE INTOLÉRANCE AU GLUTEN

Un diagnostic d'intolérance au gluten n'implique plus la fin des plaisirs de la table. Étant donné la gamme des produits sans gluten désormais disponibles, il est facile de suivre un régime alimentaire sans gluten, et les nombreuses recettes – très simples – de ce livre vous permettront de préparer des repas sans gluten pour toutes les occasions.

À qui ce livre est-il destiné ?

Cet ouvrage a été conçu pour fournir aux personnes qui doivent suivre un régime sans gluten (et à ceux qui cuisinent pour elles) des renseignements importants au sujet de la maladie cœliaque (MC) et de la dermatite herpétiforme (DH), mais aussi pour prodiguer des conseils pratiques sur une alimentation sans gluten saine. Une fois la maladie diagnostiquée, n'hésitez pas à contacter une association de patients (telle l'AFDIAG), tout à fait à même de vous apporter un précieux soutien et une multitude de conseils pratiques, ainsi que de vous diriger vers un diététicien expert dans le domaine de la maladie cœliaque, ce qui est particulièrement bénéfique dans les premiers temps suivant le diagnostic.

Quelle peut-être l'utilité de ce livre ?

Cet ouvrage contient toutes sortes de recettes sans gluten, relativement rapides et faciles à préparer. Certaines sont pour tous les jours et d'autres pour des occasions particulières. Des repas à faible indice glycémique figurent également dans ces pages à l'intention des personnes atteintes à la fois de la maladie cœliaque et de diabète. Vous trouverez une profusion de recettes convenant pour toute la famille de sorte que, si l'obligation de suivre un régime sans gluten ne concerne qu'un seul de ses membres, il ne sera pas nécessaire de préparer des menus différents. Il est conseillé de cuisiner des repas sans gluten que toute la famille puisse savourer si c'est un enfant qui est atteint de cette affection, car il est crucial que celui-ci ait le sentiment d'être traité comme le reste de la famille (avec ce bénéfice supplémentaire que vous gagnerez du temps).

Pourquoi suivre un régime sans gluten ?

Le gluten est un type de protéine présent dans le blé, l'orge, le seigle, le triticale et l'avoine. Pour une raison mal élucidée, le gluten provoque chez les personnes atteintes de MC ou de DH une réaction immunitaire qui endommage leur intestin grêle et perturbe le processus de digestion. S'il semble difficile dans un premier temps de passer à une alimentation sans gluten et d'assumer sa condition de malade, il faut avoir conscience qu'il est moins pénible de suivre un régime sans gluten que de se plier aux traitements afférents à maintes autres affections. Le nombre croissant de personnes atteintes de la mala-

die cœliaque a conduit l'industrie agroalimentaire à mettre au point une gamme sans cesse plus étendue de produits tout préparés sans gluten. Il devient de plus en plus facile de trouver des denrées sûres, sans gluten, dans les grandes surfaces et les magasins de produits diététiques. Il est également possible d'en commander auprès de sociétés spécialisées, sur Internet. Il est bien plus simple aujourd'hui qu'il y a vingt ans d'opter pour une alimentation sans gluten, même si certaines difficultés peuvent parfois surgir, surtout lors de la phase de mise en place du régime.

Qu'est-ce que la maladie cœliaque ?

La maladie cœliaque, ou entéropathie au gluten, se caractérise par l'intolérance de l'organisme au gluten. Lorsqu'une personne atteinte consomme du gluten, son système immunitaire réagit de façon excessive et la muqueuse de son intestin grêle subit des lésions. La surface interne de l'intestin grêle est tapissée de millions de villosités, des protubérances qui absorbent l'eau et les nutriments des aliments digérés. Chez les sujets souffrant de maladie cœliaque, une réaction immunitaire inopportune face au gluten provoque une inflammation et une atrophie des villosités. L'organisme absorbe ainsi moins bien l'eau et les nutriments de la nourriture. Les dommages subis par les villosités s'accroissent graduellement chez les personnes dont la MC n'est pas traitée, ce qui tend à causer divers troubles stomacaux et intestinaux, ainsi que des carences nutritionnelles. La maladie cœliaque est à la fois une maladie auto-immune (car c'est le système immunitaire de l'organisme qui cause le dysfonctionnement) et digestive (car l'absorption des nutriments est perturbée).

**Symptômes courants
de la maladie cœliaque :**

- flatulences, ballonnements,
  douleurs abdominales
- diarrhée chronique ; selles
  décolorées, fétides ou grasses
- nausées, vomissements
- perte de poids
- fatigue, maux de tête,
  irritabilité, dépression
- anémie (due à une carence
  en fer ou en acide folique)
- douleurs osseuses
  ou articulaires, crampes
- détérioration des os
  (osteopénie et ostéoporose)
  et des dents (décoloration,
  perte d'émail)
- aménorrhées et fausses
  couches à répétition pour
  les femmes
- stérilité masculine et féminine
- croissance entravée chez les
  nourrissons et les enfants
- ulcères aphteux dans la bouche
- érythème cutané prurigineux
  (démangeaisons) : dermatite
  herpétiforme (DH)

Quelles sont les causes de la maladie ?

La raison pour laquelle le système immunitaire de certaines personnes réagit au gluten ne nous est pas encore
connue ; on sait toutefois que les facteurs génétiques
jouent un rôle majeur. Quelque 10 % des personnes dont
un membre de la famille proche est atteint de la maladie
cœliaque en souffrent aussi. Les facteurs environnemen-
taux et le mode de vie ont leur importance – il se pourrait
que la MC ne se déclare qu'après une période de stress
physique ou affectif (grossesse, intervention chirurgicale,
choc émotionnel ou infection virale).

La maladie cœliaque est-elle courante ?

On a longtemps pensé que la maladie cœliaque était relativement peu courante, touchant principalement des personnes d'origine européenne. De récentes études ont
cependant montré que jusqu'à 1 % de la population des
pays occidentaux pourrait être affecté (selon les études,
la prévalence a été estimée à des proportions allant d'une
personne sur cent à une personne sur cinq cents). Pour
nombre des sujets atteints, le diagnostic n'a pas encore
été posé. La MC semble en outre plus courante en Afrique,
en Amérique du Sud et en Asie qu'on ne le croyait, mais
il est vrai qu'elle touche surtout des personnes d'origine
européenne, irlandaise en particulier. Environ 5 % des
sujets atteints de diabète de type 1 le sont aussi d'entéropathie chronique liée au gluten,
et 5 à 10 % des personnes présentant une trisomie 21 souffrent également de la maladie
cœliaque.

Quels sont les symptômes de la maladie cœliaque ?

L'une des raisons qui font que la maladie cœliaque est parfois difficile à diagnostiquer réside
dans le fait qu'elle se manifeste de différentes façons selon les individus. Ainsi, une personne souffrira après les repas de sévères douleurs abdominales et de diarrhée, quand une
autre sera irritable et fatiguée. Chez une autre encore on ne notera aucun symptôme. Le

type de symptômes et leur délai d'apparition varient selon les sujets atteints de MC. Certains présentent les premiers symptômes dès la petite enfance, d'autres n'en constatent que bien plus tardivement (à l'adolescence ou à l'âge adulte). Parmi les raisons susceptibles d'expliquer ces différences, mentionnons la durée de l'allaitement maternel (il semble que plus une personne ait été nourrie au sein après sa naissance et plus les symptômes soient lents à apparaître), l'âge auquel une personne a commencé à consommer des aliments contenant du gluten ; ainsi que des différences dans la sensibilité de l'organisme au gluten.

Des recherches récentes ont montré que la sévérité des symptômes ne reflète pas toujours l'ampleur des lésions intestinales (les sujets les plus gravement atteints ne sont pas toujours ceux qui présentent les symptômes les plus prononcés). Certaines personnes ne présentant pas de symptômes n'en sont pas moins exposées, si elles absorbent du gluten, à des lésions intestinales et au risque de développer des carences nutritionnelles ainsi que d'autres complications. Plus une personne atteinte d'entéropathie reste longtemps dans l'ignorance de la maladie et plus ces risques de carences et autres complications sont élevés. Un prompt diagnostic est particulièrement important chez les enfants, chez qui la malnutrition est susceptible d'entraver la croissance et d'entraîner des troubles du comportement et/ou de l'apprentissage.

Quels problèmes de santé peuvent apparaître ?

Chez les personnes atteintes d'une entéropathie non traitée, l'intestin grêle endommagé voit sa capacité d'absorption de l'eau et des nutriments réduite. En conséquence, elles risquent fort de souffrir de ballonnements et de crampes abdominales après avoir consommé du gluten. Les aliments non absorbés passent de l'intestin grêle au gros intestin et sont susceptibles de causer diarrhées, selles abondantes et malodorantes, constipations et flatulences excessives (les bactéries naturellement présentes dans le gros intestin font fermenter les fibres et l'amidon des aliments non absorbés. La mauvaise absorption des aliments peut aussi provoquer diverses carences nutritionnelles. En raison de la malabsorption du fer, de l'acide folique et de la vitamine B12, les personnes atteintes de MC non traitée risquent de développer une anémie complexe : elles seront alors fatiguées, irritables et

déprimées. Un intestin grêle lésé nuit à la bonne absorption des corps gras, des vitamines liposolubles (vitamines A, D, E et K), du zinc ou des protéines, ce qui provoque perte de poids, croissance altérée, fatigue chronique, fausses couches, stérilité et autres troubles. Du fait d'une mauvaise absorption du calcium, les personnes atteintes de maladie cœliaque présentent un risque accru d'ostéopénie et d'ostéoporose (leurs os affaiblis ont plus tendance à se fracturer).

L'intolérance au lactose est courante chez les personnes pour qui la MC n'a pas encore été diagnostiquée ou vient de l'être car l'intestin endommagé est incapable de décomposer le lactose (le sucre contenu dans le lait de vache), ce qui conduit à des symptômes tels que ballonnements et douleurs abdominales après ingestion. Les cœliaques non traités présentent en outre un risque légèrement augmenté de cancer de l'intestin (lymphome et adénocarcinome), mais ce risque se trouvera ramené au même niveau que celui des personnes non atteintes de maladie cœliaque après 3 à 5 ans de régime sans gluten. Une alimentation sans gluten de haute qualité nutritive est cruciale pour le traitement de la maladie cœliaque ainsi que pour la prévention ou la correction des problèmes de santé provoqués par cette affection.

Quelles sont les affections liées à la maladie cœliaque ?

Du fait de causes inconnues (mais très probablement d'ordre génétique et environnemental), les personnes atteintes de la maladie cœliaque courent un risque accru de souffrir d'autres affections auto-immunes : diabète de type 1, hypothyroïdie, lupus érythémateux systémique, affection hépatique, arthrite rhumatoïde…

Comment diagnostique-t-on la maladie cœliaque ?

Il est difficile de diagnostiquer la maladie car les symptômes sont vagues et/ou semblables à ceux d'autres affections, telles que la colopathie fonctionnelle (syndrome du côlon irritable), la maladie de Crohn (colite granulomateuse), la diverticulose, les infections intestinales, l'anémie ferriprive (liée à une carence en fer, elle-même due à des saignements ou à une absorption insuffisante de fer) et le syndrome de fatigue chronique. Les médecins devront éliminer ces hypothèses avant d'envisager la MC. Des mois ou des années s'écoulent parfois avant qu'un diagnostic soit posé. Toutefois, les progrès de l'information des techniques de diagnostic sont appelés à faciliter le dépistage. Dans de nombreux pays, des organisations spécialisées mettent sur pied des campagnes visant à mieux faire prendre conscience aux professionnels de l'existence de cette affection. S'il existe dans votre famille des cas de MC, vous devriez absolument en informer votre médecin, surtout si vous présentez aussi un ou plusieurs des symptômes afférents.

Pour l'heure, une biopsie de l'intestin grêle est nécessaire car les analyses de sang destinées à dépister les anticorps anti-endomysium et/ou les anticorps anti-transglutaminase ne sont pas parfaites. La prise de sang révèle parfois des niveaux élevés de ces anticorps chez des personnes non atteintes de MC (faux-positif) alors que des sujets atteints présentent parfois des niveaux faibles de ces même anticorps (faux-négatif).

Avant le diagnostic

Si vous pensez être atteint de MC, il importe que vous continuiez à consommer des aliments contenant du gluten, tels que le pain, les céréales du petit-déjeuner et les pâtes, jusqu'à ce qu'une biopsie ait révélé l'existence de la maladie cœliaque. Si vous cessez d'absorber du gluten avant que les examens aient été pratiqués, il se peut que votre test sanguin et votre biopsie soient artificiellement négatifs alors même que vous êtes atteint. Si vous avez adopté un régime sans gluten avant tout examen de dépistage de la maladie cœliaque, il

Le diagnostic de la maladie cœliaque intervient généralement en trois étapes :

1. La première étape consiste à parler de vos symptômes avec votre médecin.
2. Si votre médecin pressent une maladie cœliaque, il faudra faire des tests sanguins pour vérifier l'éventuelle présence d'anticorps anti-endomysium et/ou d'anticorps anti-transglutaminase, présents à des taux plus élevés chez les personnes atteintes de maladie cœliaque.
3. Si au vu des examens sanguins et/ou des symptômes votre médecin est conforté dans ses soupçons, il vous adressera à un gastro-entérologue en vue d'une biopsie de votre intestin grêle.

Afin de pratiquer la biopsie, le spécialiste insère progressivement un long tube souple (endoscope) dans votre bouche et jusque dans votre intestin grêle ; cette procédure s'effectue sous anesthésie locale (les patients découvrent souvent qu'elle est moins inconfortable qu'ils ne le redoutaient). Un minuscule instrument inséré dans l'endoscope recueille un petit fragment de tissu de l'intestin grêle, qui sera examiné au microscope en laboratoire. Si les dommages caractéristiques de la maladie cœliaque (inflammation, atrophie des villosités) sont constatés sur l'échantillon, le gastro-entérologue (ou votre médecin) vous informera du fait que vous êtes atteint de MC.

vous faudra consommer des denrées contenant du gluten pendant au moins six semaines avant tout nouveau diagnostic. Il se peut que vous présentiez certains symptômes durant cette période, mais votre médecin ne pourra diagnostiquer ou écarter la maladie cœliaque à moins que vous n'ayez absorbé du gluten en préalable aux examens.

Qu'est-ce que la dermatite herpétiforme ?

La dermatite herpétiforme (DH) est une affection cutanée non contagieuse provoquée par l'intolérance au gluten chez des personnes génétiquement prédisposées. Certains scientifiques considèrent qu'il s'agit d'un type de maladie cœliaque (MC), mais tous les sujets atteints de MC ne le sont pas de DH. La dermatite herpétiforme atteint moins de personnes que la maladie cœliaque (environ 1 sur 10 000). Elle est susceptible d'apparaître à tout âge. La DH se traduit par des papules vésiculaires (« boutons » légèrement saillants) rouges, qui provoquent de fortes démangeaisons et des brûlures intenses lorsqu'on les gratte. Ces papules apparaissent et disparaissent parfois même en l'absence de traitement, en laissant souvent des taches pâles ou brunes sur la peau. La DH donne aussi un érythème squameux, sorte d'urticaire généralement localisée au niveau des coudes, des genoux et des fesses. Les sujets atteints de DH peuvent ne pas présenter de troubles gastro-intestinaux lorsqu'ils consomment du gluten, mais une inflammation des intestins existe habituellement.

Quelle est la différence entre la maladie cœliaque et l'allergie ou l'intolérance au blé ?

Les personnes atteintes de maladie cœliaque présentent une intolérance au gluten à vie et toutes les sources de gluten sont proscrites, pas seulement le blé.

Les personnes souffrant d'allergie au blé, quant à elles, présentent une réaction immunitaire à la protéine de blé, ce qui provoque l'apparition de symptômes tels que tuméfaction de la région buccale, urticaire, érythèmes et eczéma. L'allergie au blé se déclare chez les jeunes enfants puis disparaît la plupart du temps avec l'âge. Les personnes souffrant d'une telle allergie doivent seulement éviter les aliments qui contiennent du blé et les ingrédients qui recèlent la protéine de blé incriminée. Un régime sans blé est moins restrictif qu'un régime sans gluten. Toutefois, toutes les denrées sans gluten ne conviennent pas aux personnes allergiques au blé car certaines sont sources de protéine de blé sans gluten. Même si le phénomène est rare, certaines personnes présentent une forme moins grave de l'intolérance au gluten, appelée intolérance au gluten non cœliaque. La consommation de gluten provoque chez elles des symptômes tels que nausées, diarrhées, douleurs abdominales et ballonnements, sans toutefois causer les lésions observées dans la maladie cœliaque. La plupart des sujets présentant ce type d'intolérance au gluten peuvent supporter de petites quantités de gluten (ce qui n'est pas le cas des personnes atteintes de MC).

L'affection cutanée comme les éventuelles lésions intestinales sont améliorées par une alimentation sans gluten. L'urticaire réagit à un traitement médicamenteux.

Pour diagnostiquer une DH, une prise de sang est prescrite afin de dépister la présence d'anticorps anti-endomysium et anti-transglutaminase. Un dermatologiste prélève un petit fragment de peau où l'on recherchera la présence d'immunoglobuline. Une biopsie intestinale peut également s'avérer nécessaire si les examens sanguins et cutanés ne sont pas totalement concluants.

Quel traitement ?

Le seul traitement de la maladie cœliaque et de la DH consiste en un régime alimentaire. La consommation de gluten, en aussi petite quantité que ce soit, peut provoquer des lésions de l'intestin grêle. De même, le moindre apport de gluten est susceptible de provoquer le réveil de la DH et d'interrompre toute guérison de la peau.

Pour apprendre tout ce qu'il faut savoir sur les nécessités alimentaires, le mieux est d'intégrer une association de soutien aux personnes atteintes de maladie cœliaque ou de DH. Une telle association sera à même de vous apporter des informations pratiques sur la façon de gérer votre situation et de vous procurer des denrées sans gluten. Elle pourra parfois organiser des sorties au supermarché ou des conférences, publier des revues et vous orienter vers des diététiciens spécialisés. Il est en effet crucial de pouvoir disposer des conseils d'un diététicien expert qui saura vous aider à identifier les produits sans gluten et à corriger les éventuelles carences nutritionnelles apparues avant que la maladie ne soit diagnostiquée. Si vous comptez parmi les personnes à votre charge (enfant ou parent âgé, par exemple) un sujet atteint de MC ou de DH, vous devriez aussi assister à des consultations de diététique et vous adresser à une association de la maladie cœliaque en vue d'obtenir soutien et formation.

Après avoir entamé un régime sans gluten, la plupart des personnes atteintes de maladie cœliaque ressentiront une amélioration nette et rapide de leur état de santé – même si

Sources de gluten

Sources principales

Orge, farine d'orge, couscous, farine blanche avec son, blé kamut, seigle, farine de seigle, semoule, épeautre, triticale, blé (boulgour, son, farine, germes de blé, farine brute, fécule) et aliments à base de farine de froment, de flocons de blé, de blé soufflé (pâtes de blé dur, nouilles, biscuits, pain, céréales, gâteaux, craquelins, petits pains au lait, sauces, etc.).

Sources secondaires

Fécule de maïs, dextrine (colle des timbres-poste), malt, boissons maltées en poudre, extrait de malt, vinaigre de malt ou de grain, maltodextrine, amidon modifié, avoine (son, gomme, farine, flocons, gruau, whisky), amidon gélatinisé, amidon (de blé et de maïs), épaississants à base d'amidon de blé.

les symptômes peuvent perdurer. Chez les sujets atteints de DH, il s'écoule parfois six mois ou plus avant que les problèmes de peau ne disparaissent, mais les intestins et la peau commencent à se régénérer dès que les aliments proscrits sont supprimés. L'intestin grêle est en règle générale complètement guéri et capable d'absorber correctement des nutriments en 3 à 6 mois chez les enfants et les adolescents, et en moins de 2 ans chez les adultes.

Que faire si les symptômes ne s'améliorent pas ?

Bien que ce soit rare, certains sujets ne voient pas leurs symptômes s'améliorer après adoption d'une alimentation sans gluten. Dans ces cas de maladie cœliaque récalcitrante, un traitement médicamenteux s'impose en sus d'un régime sans gluten. Cependant, la cause la plus courante de ce phénomène réside dans le fait que de petites quantités de gluten continuent d'être consommées. Il faudra, pour éviter cela, lire avec une grande rigueur les étiquettes des denrées. Les conseils d'un diététicien expérimenté sont ainsi cruciaux ; il se peut que vous ayez à le consulter fréquemment dans les mois suivant le diagnostic, jusqu'à une maîtrise parfaite du nouveau régime. Après cela, il faudra consulter une ou deux fois par an (ou plus souvent si vous présentez encore des symptômes de MC ou d'autres troubles liés à la nutrition) pour un bilan alimentaire.

Qu'est-ce qu'un régime sans gluten ?

Suivre un régime sans gluten signifie ne pas consommer d'aliments contenant du blé (y compris épeautre, triticale et blé kamut), du seigle, de l'orge, de l'avoine ou des ingrédients dérivés de ces céréales. Si cela revient à exclure de nombreux aliments, et notamment maintes variétés de pain, de céréales du petit-déjeuner, de biscuits et de pâtes, il existe une profusion de versions sans gluten de ces denrées, proposées par les supermarchés, les boutiques de produits diététiques et des firmes agroalimentaires spécialisées. Outre les produits transformés sans gluten, on dispose aussi d'une grande quantité de denrées naturellement dépourvues de gluten, telles que fruits, légumes, viandes, poissons, œufs, noix… Il est donc tout à fait possible d'adopter un régime sans gluten qui soit à la fois nutritif et équilibré. Plutôt que de penser à tous les mets dont vous êtes privé, concentrez-vous sur le plaisir de savourer ceux que vous pouvez consommer. D'aucuns constatent que le diagnostic de maladie cœliaque les amène à améliorer la qualité de leur alimentation et à mieux cuisiner, en cessant de recourir aux produits industriels. C'est aussi une excellente incitation à découvrir l'immense diversité des denrées disponibles (parmi lesquelles le quinoa, le sarrasin, etc.), que souvent l'on n'a même jamais consommées.

Solutions sans gluten

Amarante, arrow-root, farine de pois chiche (besan), sarrasin, farine de sarrasin, cassave (farine de manioc, semoule de maïs (polenta), préparations de farines sans gluten, légumineuses, farine de lentille, farine de racine de lotus, lupin, fécule de maïs (maïzena), millet, amidon de maïs modifié, farine de pomme de terre, psyllium, quinoa, riz, son de riz, farine de riz, céréales pour bébé (riz), sagou, sorgho, farine de soja, tapioca, farine de tapioca, farine de teff, vinaigre balsamique ou de vin, gomme de xanthane.

Ingrédients sans gluten décelable*

Colorant caramel, dextrose, glucose, poudre de glucose, sirop de glucose, sirop de glucose de blé.

* Même si dérivés du blé

Trouver le gluten caché dans les aliments transformés

La lecture des informations figurant sur l'emballage des produits est un outil crucial pour respecter un régime sans gluten. Des ingrédients contenant du gluten sont présents dans de nombreux aliments transformés, et la teneur en gluten d'un même produit peut varier selon les marques (ainsi, une marque de sauce au poisson contient du gluten, alors qu'une autre en est dépourvue). Un diététicien qualifié peut vous aider à apprendre à interpréter les données fournies par les étiquettes. Bientôt l'étude des étiquettes deviendra une seconde nature, et vous y passerez de moins en moins de temps (dans un premier temps, il peut être nécessaire de vous munir d'une liste ou d'un livret, si vous ne vous souvenez pas de tous les ingrédients contenant du gluten à rechercher... et à éviter). De nombreuses firmes agroalimentaires possèdent des listes ou des informations sur leurs produits sans gluten, auxquelles vous aurez accès par le biais de leur site web ou en contactant le service consommateurs (les coordonnées sont fréquemment indiquées sur l'emballage des produits et sur les sites web). Certains distributeurs s'abstiennent d'apposer un label « sans gluten » sur l'un ou l'autre de leurs produits alors même qu'il est réellement dépourvu de gluten, car il est susceptible de n'être plus sans gluten à l'avenir si la firme modifie l'un des ingrédients.

Des améliorations récentes apportées dans certains pays à la législation concernant l'étiquetage des produits facilitent le repérage des denrées sans gluten. Tous les ingrédients dérivés de céréales contenant du gluten doivent être indiqués dans la liste des ingrédients figurant sur l'emballage (par exemple, les fabricants doivent indiquer « amidon de blé » plutôt que simplement « amidon »). Les produits dont l'emballage indique qu'ils sont « sans gluten » ne doivent pas contenir de gluten, d'avoine ou de malt en quantités décelables. Dans certains pays, un symbole à l'épi barré figure sur certains produits pour indiquer qu'ils sont sans gluten. Cependant, tous les aliments sans gluten ne portent pas ce symbole, et la réglementation concernant l'étiquetage des denrées diffère d'un pays à l'autre.

Choisissez si possible un produit dont l'emballage mentionne « sans gluten », car certains produits dont vous pourriez penser qu'ils sont dépourvus de gluten, tels que des biscuits faits avec de la farine de riz, sont susceptibles d'être élaborés dans une usine qui fabrique également des produits contenant du gluten (par exemple des biscuits à la farine de froment). À moins que le fabricant ait recours à un matériel distinct pour préparer les produits et stocke ses ingrédients séparément, il est possible qu'une contamination croisée intervienne. Certains producteurs spécialisés, parfaitement conscients de ces risques de contamination croisée, prennent des mesures extrêmement strictes pour s'assurer que leurs produits sans gluten soient… sans gluten. Toutefois, toutes les entreprises n'ont pas une perception aussi aiguë des problèmes de contamination croisée. Il importe par ailleurs de se souvenir que les produits « sans blé » ne sont pas nécessairement sans gluten ; vérifiez toujours la liste des ingrédients pour y détecter toute source éventuelle de gluten avant de faire l'achat de produits alimentaires sans blé.

Le gluten est également présent dans certains médicaments et compléments nutritifs, aussi faut-il demander à votre médecin ou votre pharmacien s'il existe une version sans gluten de tout médicament ou complément que l'on vous prescrit. La colle des timbres-poste et des enveloppes contient parfois du gluten : procurez-vous des timbres et enveloppes autoadhésifs ou humectez vos timbres et enveloppes avec une éponge humide.

Produits susceptibles de contenir du gluten – toujours vérifier la liste des ingrédients

Barres chocolatées	Galettes de riz soufflé	Préparations pour boissons
Bouillons et fumets (industriels,	(variétés multicéréales	Préparations pour sauce salade
en cubes, en poudre)	également proposées)	Préparations pour sauces
Boissons non alcoolisées	Lait et yaourt de soja	Purée lyophilisée
(aspect trouble)	Lécithine	Sucreries
Céréales soufflées (blé, riz)	Levure	Viandes industrielles
Chips aromatisées	Levure chimique	Sauce salade industrielle
Chips de maïs	Mayonnaise	Salami
Chutney	Moutarde	Sauces (au poisson, hoisin,
Corn-flakes	Noix, noisettes, cacahuètes	aux huîtres, pour pâtes,
Cornichons	grillées à sec	tomate, soja,
Curry : sauces, préparations	Nouilles soba	worcestershire)
et poudres	Pappadams	Saucisses industrielles
Frites surgelées	Pickles	Soupes (en conserve,
Fromage à tartiner	Poivre blanc (possible ajout de	lyophilisées)
Fromage râpé	farine pour plus de volume)	Yaourts

Conseils pour une alimentation sans gluten nutritive et saine

Les principes qui gouvernent l'alimentation des personnes atteintes de maladie cœliaque et de DH sont les mêmes que pour tous – à ceci près que les aliments doivent être sans gluten et que toute carence nutritionnelle présente après diagnostic doit être corrigée par l'usage raisonné de compléments venant s'ajouter à un régime sain (l'emploi de suppléments ne devrait pas s'effectuer sans les conseils du médecin ou du diététicien) :

1. Consommez chaque jour des mets nutritifs et variés

La majeure partie de votre alimentation doit se composer de fruits, de légumes, de légumineuses et de produits céréaliers sans gluten, tels que le riz et autres céréales dépourvues de gluten, le pain, les pâtes et les céréales sans gluten. Si vous êtes diabétique, choisissez des versions à indice glycémique bas de ces aliments, par exemple du riz basmati, du riz sauvage, du quinoa, du maïs, de la patate douce… Efforcez-vous de consommer différentes variétés de fruits et légumes colorés. Légumes verts et fines herbes, sources d'acide folique et de divers antioxydants, devraient être consommés quotidiennement.

2. Surveillez votre consommation de corps gras

Lorsque les villosités se rétablissent, l'intestin parvient à absorber plus de nutriments ; certains se mettent à grossir et il importe alors de se maintenir à un poids de forme. Vous pouvez donc passer à des laitages allégés, choisir des viandes maigres et sans peau, recourir à des méthodes de cuisson non grasses et réduire votre consommation d'aliments gras tels que mayonnaise, sauces salade, beurre, crème fraîche et margarine. Pour vos en-cas, préférez des denrées nutritives plutôt que des aliments sans qualités nutritionnelles, qui contribueraient à gonfler les réserves de nutriments de votre organisme. Choisissez des fruits ou du fromage frais sur du pain sans gluten plutôt que des chips ou des sucreries.

Améliorez la qualité des graisses présentes dans votre alimentation en consommant plus de corps gras mono-insaturés et polyinsaturés oméga 3. Contrairement aux graisses saturées, ces corps gras participent à la protection de l'organisme contre les affections cardiaques et le diabète de type 2, et peuvent aussi réduire l'inflammation, ce qui hâtera la guérison des villosités intestinales. Parmi les bonnes sources de graisses mono-insaturées, mentionnons les avocats, les olives, l'huile d'olive (de préférence vierge extra), l'huile de colza et la plupart des fruits à écale ; pour les graisses polyinsaturées oméga 3, citons les poissons gras tels que le saumon, le thon, le maquereau, la truite, la sardine, le hareng, la perche de mer, les œufs enrichis en oméga 3, les noix, les graines de lin, et l'huile de colza.

Efforcez-vous de mettre du poisson à votre menu trois fois par semaine. Vos huiles de cuisson doivent être surtout l'huile d'olive et l'huile de colza, et si vous consommez de la margarine ou de la mayonnaise, utilisez une variété allégée à base d'huile d'olive ou de colza.

3. Faites une consommation modérée d'aliments riches en protéines

Viandes rouges, volailles, œufs, foie, poissons et fruits de mer apportent de bonnes quantités de protéines, de fer, de zinc et de vitamine B12. Si vous êtes resté longtemps atteint de la maladie cœliaque sans qu'elle soit diagnostiquée, il se peut que vous n'ayez pas absorbé assez de ces nutriments. Dans ce cas, demandez une prise de sang pour déterminer vos carences. Peut-être aurez-vous besoin, dans un premier temps, de compléments nutritifs pour reconstituer les réserves de votre organisme, ce surtout si vous êtes végétarien. Essayez d'intégrer régulièrement de riches sources de ces nutriments dans votre alimentation (par exemple, de la viande rouge au moins trois ou quatre fois par semaine). Les sautés sont de bons moyens d'associer viandes, volailles, poissons ou fruits de mer et légumes variés ; ces mets sont en outre délicieux avec du riz ou des nouilles de riz sans gluten. Les sources de protéines végétales telles que les légumineuses, le tofu et les mets à base de céréales n'apportent pas autant de fer ou de zinc que les denrées animales. Si vous êtes végétarien, il importe que vous consultiez un diététicien pour avoir des conseils sur la manière d'accroître votre absorption de fer et de zinc.

4. Consommez régulièrement de riches sources de calcium

La consommation de mets riches en calcium est cruciale pour réduire le risque d'ostéoporose. Les laitages sont les meilleures sources de calcium car le lactose (le sucre du lait) favorise l'absorption du calcium par notre organisme. Trois portions de produits laitiers par jour (par exemple, 20 cl de lait, un yaourt, une part de fromage) couvrent les besoins. Toutefois, certains sujets atteints de maladie cœliaque non diagnostiquée (ou nouvellement détectée) sont intolérants au lactose en raison des lésions de leur intestin grêle. Cette intolérance disparaît souvent lorsque les intestins se sont rétablis. Les intolérants au lactose peuvent choisir des substituts tels que le lait de soja sans gluten ou le lait de vache sans

Aliments recommandés* (ou versions sans gluten)

Aliments à éviter

Produits céréaliers (céréales, farines)
- Pains, pâtes et céréales du petit-déjeuner sans gluten
- Gruau (porridge) de flocons de soja ou de riz
- Barres de céréales sans gluten
- Nouilles de riz, de haricots mungo, de sarrasin*
- Riz soufflé et galettes de maïs*
- Biscuits et craquelins de riz sans gluten
- Riz, millet, quinoa, sarrasin, sorgho, farine de teff, semoule de maïs, sagou, tapioca, farine de riz
- Galettes de maïs et crêpes de maïs (tacos) sans gluten
- Crêpes de riz, lasagnes sans gluten ou feuilles de nouilles de riz

- Pains contenant du froment, du seigle, du triticale, de l'avoine ou de l'orge (ou tout autre ingrédient contenant du gluten)
- Muesli ou céréales de petit-déjeuner avec grains contenant du gluten, arômes maltés ou extraits de malt
- Barres de muesli, barre de céréales (petit-déjeuner, en-cas)
- Pâtes de blé et de blé dur (par ex. nouilles minute, udon, hokkien)
- Flocons d'avoine, gruau d'avoine, son d'avoine, farine d'avoine
- Son de blé, germes de blé, farine complète
- Semoule

Fruits et légumes
- Fruits frais et jus de fruits frais
- Fruits séchés* et fruits confits*
- Légumes frais et jus de légumes frais
- Légumes surgelés, séchés, en boîte, en bocal*

- Certaines garnitures de tartes aux fruits industrielles
- Certains en-cas avec garniture aux fruits
- Beignets de légumes, légumes panés
- Certaines marques de frites surgelées
- Protéines végétales texturées (filées, extrudées)
- Légumes en boîte en sauce*

Légumineuses
- Légumes secs (réhydratés et bouillis)
- Légumineuses en boîte*
- Farines de légumineuses (de pois chiches, de lentilles, etc.)

- Haricots blancs sauce tomate en boîte*
- Repas végétariens prêts à l'emploi*

Produits laitiers et substituts
- Lait de vache
- Crème fraîche, beurre
- Lait concentré*
- Lait de coco
- Yaourts et fromages frais sans gluten
- Fromages affinés*
- Lait de soja sans gluten (sans malt ni maltodextrine)
- Crème glacée sans gluten
- Tofu
- Lait de riz

- Lait malté, certains laits aromatisés
- Fromages à tartiner*
- Crèmes glacées en cornets
- Crème anglaise industrielle (et préparation en poudre)
- Certains yaourts, laitages, crèmes glacées aromatisés
- Lait d'avoine

Boissons
- Eau du robinet, de source, minérale, gazeuse
- Thé, café
- Boissons gazeuses*
- Jus de fruits
- Vins, liqueurs, alcools
- Poudre de caroube et cacao pur non sucré

- Boissons chocolatées*
- Substituts du café
- Boisson à l'orge citronnée
- Boissons lactées maltées
- Bières

Confitures, condiments, pâtes à tartiner
- Confitures et compotes purs fruits
- Miel, sirop d'érable, mélasse claire
- Beurre de cacahuètes
- Vinaigre balsamique, de vin
- Jus de citron, de citron vert
- Sauce tamari sans gluten
- Purée de tomates, concentré de tomates*
- Tahini

- Pâtes à tartiner à base de levure de bière
- Sauce soja*
- Chutneys et pickles industriels
- Vinaigre de malt
- Sauces salade et mayonnaises industrielles*
- De nombreuses sauces industrielles ; pour une même sauce, différentes marques peuvent avoir des teneurs en gluten variées

* Vérifier la liste des ingrédients sur le conditionnement. La teneur en gluten peut varier d'une marque à l'autre.

lactose, mais il peut aussi leur falloir une supplémentation en calcium – ce qui est aussi le cas de personnes atteintes depuis longtemps d'une MC non traitée ; un complément de calcium les aidera à reconstituer les réserves de leur organisme. Demandez conseil à votre médecin ou à votre diététicien quant à l'opportunité d'une telle supplémentation.

5. Intégrez de bonnes sources de fibres dans votre alimentation quotidienne

Le fait de baser votre alimentation sur des produits sans gluten du commerce risque de faire diminuer votre ingestion de fibres, car nombre de ces produits sont à base de farine

Produits sans gluten à stocker dans une cuisine

Placard

Farines sans gluten : riz blanc, pommes de terre, pois chiche (stocker dans des récipients opaques)

Mélanges de farines du commerce : ordinaire, avec poudre levante, préparation pour pain

Céréales : arrow-root, polenta, quinoa, sarrasin, riz, riz sauvage, sagou, tapioca

Aliments transformés sans gluten : pain, céréales du petit-déjeuner, biscuits, barres d'en-cas et pâtes

Nouilles : nouilles de riz lyophilisées, nouilles de haricots mungo

Noix et graines : graines de lin, graines de tournesol, graines de sésame, noix fraîches

Légumes secs et légumineuses en boîte sans gluten : pois chiches, haricots, lentilles, pois cassés

Fruits : fruits secs sans gluten et fruits en boîte

Boissons : café et thé

Ingrédients pour pâtisserie : levure chimique sans gluten, bicarbonate, épices, gélatine, extrait de vanille, gomme de xanthane, agar-agar et fibres de psyllium

Édulcorants : sucre, sucre glace, cacao pur non sucré, poudre de caroube

Produits laitiers : lait UHT, lait condensé, lait en poudre, lait de coco en boîte

Huiles : huile d'olive extra vierge, huile de canola

En-cas : tacos sans gluten, pop-corn nature

Poissons en boîte

Sauces sans gluten : tamari, au poisson, soja, tomate

Réfrigérateur

Lait : de vache, de riz, de soja sans gluten

Corps gras : beurre ou margarine

Œufs

Produits laitiers (sans gluten) : fromage, fromage blanc, yaourt et crème fraîche

Tartinades : confiture pur fruits, beurre de cacahuètes, miel, beurre de sésame (tahini)

Boissons : jus de fruits, eau minérale, eau de source

Galettes de maïs

Viandes : viandes préparées industrielles dégraissées

Graines et farines : graines de lin moulues, farine de soja et farine de riz complète (se conservent plus longtemps au réfrigérateur)

Fruits et légumes

Congélateur

Pains et chapelure sans gluten

Pâtisseries sans gluten : muffins et crêpes de maïs

Bouillons : bouillons et fumets maison sans gluten (congeler des portions à réchauffer en prévision des jours où le temps manque pour cuisiner)

Crème glacée allégée sans gluten

Yaourt glacé sans gluten

Levure sans gluten (se conserve mieux au congélateur)

Légumes surgelés : épinards, petits pois, brocoli, chou-fleur et préparations pour sautés de légumes de maïs et de riz. Or, ces farines contiennent moins de fibres que le froment. Les aliments riches en fibres sont importants pour prévenir la constipation et autres troubles intestinaux. Parmi les bonnes sources de fibres sans gluten, mentionnons la farine de lin (à ajouter aux céréales, aux yaourts ou aux pâtisseries), les graines de tournesol (à ajouter aux salades), le riz complet, le sarrasin, le quinoa, les légumineuses, les fruits à écale, les fruits et légumes frais. N'oubliez pas de boire de l'eau, cela favorise un transit régulier.

6. Optez pour de l'alcool sans gluten

Si vous buvez de l'alcool, faites-le avec modération, ce qui signifie plusieurs jours sans alcool chaque semaine et 4 verres standard ou moins pour les hommes (2 ou moins pour les femmes) en un jour donné. À dire vrai, il est sans doute utile de s'abstenir de toute boisson alcoolisée pendant les mois qui suivent le diagnostic de maladie cœliaque, ce afin d'aider vos intestins à se réparer et à absorber correctement les nutriments. Les vins, les liqueurs et spiritueux sont normalement sans gluten. Les bières, pour leur part, doivent être toutes évitées car elles contiennent du gluten.

Faire son pain et ses gâteaux : quelles sont les difficultés ?

Le gluten apporte la tenue et l'élasticité qui contribuent à donner toute leur consistance aux pains et aux pâtisseries. Il les aide aussi à lever, à être légers et aérés à l'intérieur tout en étant croustillants sur le dessus. En conséquence, les farines sans gluten ne donnent pas toujours les mêmes résultats que la farine de froment à laquelle elles se substituent. Fort heureusement, de nombreuses personnes ont expérimenté depuis quelque temps des méthodes de cuisson sans gluten, de sorte que vous pourrez bénéficier de leur expérience.

Conseils pour des pains et pâtisseries sans gluten réussis

• En pâtisserie, les mélanges de farines donnent les meilleurs résultats. C'est pourquoi de nombreuses préparations sans gluten contiennent différentes farines.

• Il est utile d'ajouter de l'agar-agar, de la gomme de xanthane ou de l'amidon prégélatinisé à vos mélanges de farines sans gluten, car ces substances reproduisent les propriétés du gluten et contribuent donc à réduire l'émiettement des pains et pâtisseries. Vous pouvez

Confectionner sa farine

Farine ordinaire

- 6 parts de farine de riz, 2 parts de farine de pomme de terre et 1 part de farine de tapioca
- 2 parts de farine de soja avec 1 part de farine de riz et 1 part de farine de pomme de terre.
- 1 part de farine de soja et de farine de pomme de terre, ou de farine de soja et de farine de riz, ou de farine de soja et fécule de maïs
- 4 parts de farine de soja, 4 parts de farine de pomme de terre
- 1 part de farine de riz et 1 part de farine de riz gluant.

Farine levante

Mettre 2 cuil. à soupe de farine de pomme de terre dans un verre doseur, ajouter de la farine de riz blanc pour obtenir 25 cl. Tamiser dans une jatte et ajouter ½ cuil. à café de bicarbonate, ½ cuil. à café de crème de tartre et 1 cuil. à café de gomme de xanthane.

Levure

Mélanger 1 part de bicarbonate et 2 parts de crème de tartre.

vous les procurer dans les boutiques de produits diététiques. Pour les gâteaux, ajoutez ¼ de cuillerée à café de gomme pour 150 g de farine sans gluten ; pour les pains, ajoutez 1 cuillerée à café de gomme pour 150 g de farine ; pour les pâtes à pizza, ajoutez 2 cuillerées à café de gomme pour 150 g de farine. Il existe depuis peu (sous la marque Orgran) un substitut du gluten, nouvel ingrédient que vous pouvez aussi essayer.

- Vous pouvez préparer votre mélange de farines et votre levure sans gluten (*voir* encadré ci-contre). Tamisez les farines ensemble à trois reprises avant usage, puis substituez en tenant compte du poids et non du volume lorsque vous adaptez des recettes.

- Si vous trouvez le goût de la farine de soja déplaisant, utilisez de la farine de soja désamérisée.

- Vous obtiendrez peut-être de meilleurs résultats en augmentant la quantité de levure dans les pâtes à gâteaux et en ajoutant un œuf de plus aux pâtes à crêpes.

- La pâte à biscuits sans gluten est plus facile à travailler si vous la réfrigérez une demi-heure avant de la façonner en biscuits.

- Vous pouvez utiliser de la compote de pommes au lieu de l'huile afin d'ajouter de l'humidité aux gaufres, gâteaux et crêpes sans gluten (tout en réduisant l'apport de graisse – il vous faudra cependant procéder à quelques expériences avant de trouver la bonne proportion).

- Le fait d'ajouter des œufs, du lait en poudre ou de la farine de soja contribue à donner une consistance moins friable aux pains et gâteaux sans gluten.

- La pâte à pain sans gluten a souvent une consistance un peu liquide, de sorte qu'elle est moins facile à pétrir et à façonner que les pâtes à pain à base de farine de blé. Vous pouvez cependant confectionner sans difficulté des petits pains sans gluten en utilisant des moules à petits gâteaux individuels ou en réalisant vous-même des moules en papier d'aluminium que vous placerez sur la plaque du four.

- Veillez à entreposer les farines sans gluten à l'écart des farines contenant du gluten, dans des récipients soigneusement étiquetés, afin d'éviter toute contamination croisée. La farine de riz complète et la farine de soja doivent être conservées au réfrigérateur, alors que les autres farines sans gluten peuvent être entreposées dans un endroit frais et sombre. Pour un stockage à long terme, conservez les farines sans gluten au congélateur, dans des récipients hermétiquement fermés. La levure sans gluten doit également être conservée au congélateur.

- Les pains et pâtisseries sans gluten ne conservent pas toujours leur fraîcheur aussi longtemps que les versions contenant du gluten. Vous pouvez en congeler des portions individuelles à savourer ultérieurement.

- L'emploi de moules épais plutôt qu'en aluminium contribuera à la cuisson homogène de vos pains et gâteaux sans gluten – le centre cuira en même temps que l'extérieur, au lieu d'avoir une croûte dure et un centre pâteux. Testez vos moules avec un aimant : si l'aimant se plaque au moule, vous pouvez l'utiliser. Les moules à savarin, en forme de couronne, conviennent particulièrement bien pour les gâteaux. Pour empêcher la pâte d'adhérer au moule, graissez celui-ci ou chemisez-le de papier sulfurisé.

Pour bien vous nourrir malgré l'intolérance au gluten

- Veillez à avoir dans vos placards, votre réfrigérateur et votre congélateur de bonnes réserves de denrées sans gluten, afin d'avoir toujours à portée de main ce dont vous avez besoin.
- Si vous menez une vie très affairée, cuisinez un nombre de portions double de ce dont vous avez immédiatement besoin afin de congeler le reste.
- Emportez des aliments sans gluten au travail, en courses ou en voyage.
- Apportez des mets sans gluten dans les fêtes et autres soirées auxquelles vous participez.
- Contactez votre association afin de savoir quels sont les restaurants et cafés de votre secteur qui proposent des mets sans gluten.
- Si vous éprouvez un doute au sujet d'un mets, demandez au serveur ou au cuisinier quels sont les ingrédients et méthodes de préparation, ou demandez si une version sans gluten est proposée.

- Si certains membres de votre famille consomment des aliments « normaux » et d'autres des aliments sans gluten, entreposez séparément les deux types de denrées pour éviter toute contamination croisée. Aménagez des rayons pour les seuls aliments sans gluten, afin de ne pas prendre par mégarde des aliments contenant du gluten. Utilisez des planches à découper et des couteaux distincts pour les pains sans gluten et ordinaires, et employez des grille-pain différents (ou débarrassez l'appareil de ses miettes après avoir grillé du pain glutineux). Séparez le beurre, la margarine et les pâtes à tartiner, afin de ne pas consommer des miettes de pain contenant du gluten.
- Si l'un de vos enfants doit suivre un régime sans gluten, entretenez-vous avec ses enseignants, ses amis et leurs parents des exigences alimentaires afférentes.

• Pour confectionner un bon pain ou gâteau sans gluten, il vous faut disposer des bons ingrédients et les faire cuire à la bonne température. Il arrive que des pâtisseries sans gluten ne soient pas réussies à cause du four : vérifiez donc que votre four fonctionne correctement en vous servant d'un thermomètre de four, que vous vous procurerez dans un bon magasin de matériel de cuisine (ou sur Internet).

• Les pains sans gluten ont tendance à s'effondrer au sortir du four si la cuisine est trop humide ou si le pain a levé trop longuement avant d'être enfourné. Si la pâte que vous confectionnez ne lève pas correctement, refaites-la en ajoutant 1 cuillerée à café de vinaigre ou un trait d'acide citrique dans l'eau avant d'ajouter la levure.

• Confectionnez votre propre chapelure sans gluten en mettant à sécher lentement au four des tranches de pain sans gluten ; lorsqu'elles sont bien dorées, passez-les au robot de cuisine ou émiettez-les au rouleau à pâtisserie. Cette panure se conserve plusieurs mois au congélateur.

• Les préparations pour pâte à pain du commerce peuvent servir pour confectionner des pizzas (ne pas laisser lever la pâte), des crêpes américaines ou des blinis.

• N'oubliez pas que certaines pâtisseries sont impossibles à réaliser avec de la farine sans gluten… mais que l'éventail des délicieuses recettes sans gluten qu'il vous reste à expérimenter est immense.

Comment utiliser ce livre

Toutes les recettes de cet ouvrage sont sans gluten. Pour ce qui concerne les ingrédients qui contiennent habituellement du gluten (tels que la farine, le pain, les céréales), nous précisons qu'il vous faut choisir une version sans gluten.

L'analyse nutritionnelle des recettes s'entend sans pris en compte des suggestions de garnitures.

Attention !

Les informations apportées ici sont destinées à fournir aux personnes atteintes de la maladie cœliaque et/ou de dermatite herpétiforme des conseils d'ordre général quant à une alimentation sans gluten saine (en l'état des connaissances au moment de l'impression). De tels conseils peuvent n'être pas suffisants pour certains sujets présentant des problèmes de santé multiples ou des complications. Ils ne sont pas conçus pour se substituer aux recommandations faites par le médecin. Il est important que la maladie cœliaque et la dermatite herpétiforme soient diagnostiquées au moyen d'examens cliniques et paracliniques. Ni l'auteur ni l'éditeur ne peuvent être tenus pour responsables de l'usage inapproprié ou de l'interprétation erronée d'un quelconque des conseils diététiques figurant dans le présent ouvrage.

PETIT-DÉJEUNER ET BRUNCH

PORRIDGE AUX FLOCONS DE RIZ

POURQUOI NE PAS DÉMARRER LA JOURNÉE AVEC CE PETIT-DÉJEUNER TYPIQUEMENT ANGLAIS ? VOUS POURREZ AGRÉMENTER CETTE RECETTE TRÈS NOURRISSANTE DE LA GARNITURE DE VOTRE CHOIX.

50 g de flocons de riz
sirop d'érable ou miel liquide, pour servir
fruit frais, pour servir
lait, pour servir

PRÉPARATION : 5 MINUTES
CUISSON : 20 MINUTES
POUR 1 PERSONNE

Dans une casserole, porter à ébullition 500 ml d'eau, ajouter les flocons de riz et laisser mijoter 20 minutes à feu moyen, jusqu'à ce que le riz soit tendre et crémeux. Servir garni de sirop d'érable, de fruits frais et de lait.

CONSEILS :
• Pour un porridge plus sucré, remplacer un peu d'eau par du jus de fruit. Il faudra le faire bouillir avant utilisation.
• Les diabétiques éviteront de consommer ce porridge car il a un indice glycémique très élevé (ce qui engendrerait une augmentation du taux de sucre dans le sang).
• D'autres garnitures peuvent être utilisées, des fruits secs sans gluten, du son de riz, du miel ou du sucre roux par exemple.

Valeur énergétique 776 kJ (184 cal) ; lipides 1,6 g ; graisses saturées 0,4 g ; protéines 4 g ; hydrates de carbone 39 g ; fibres 1,2 g ; cholestérol 0 mg

MUESLI SANS GLUTEN

CONSOMMER DU MUESLI EST UN EXCELLENT MOYEN DE MANGER SAINEMENT.
LES GRAINES ET LES FRUITS OLÉAGINEUX RICHES EN MINÉRAUX,
ANTIOXYDANTS ET FIBRES, EN FONT UN PETIT-DÉJEUNER DE SANTÉ.

90 g de maïs soufflé (non malté)
60 g de riz soufflé
90 g de son de riz
30 g de graines de lin
30 g d'amandes
80 g de noix du Brésil non salées, hachées
70 g de noisettes grillées, hachées
70 g de graines de courge
100 g de graines de tournesol
**135 g de fruits secs hachés (poires, pêches
ou abricots)**

jus de fruits ou lait, pour servir
yaourt allégé nature, pour servir

PRÉPARATION : 10 MINUTES
CUISSON : AUCUNE
POUR 10 PERSONNES

Mélanger soigneusement tous les ingrédients dans une grande terrine. Conserver le mélange dans un récipient hermétique.

Au moment de servir, ajouter le jus de fruits ou le lait et le yaourt.

CONSEILS :
• Pour alléger cette recette, supprimer les amandes, réduire de moitié la quantité de graines de tournesol et remplacer par 30 g de graines de lin moulues.
• Pour servir le muesli avec du yaourt aromatisé, vérifier au préalable qu'aucun de ses ingrédients ne contient du gluten.

Valeur énergétique 1 509 kJ (361 cal) ; lipides 21,8 g ; graisses saturées 2,4 g ; protéines 8,9 g ; hydrates de carbone 25,9 g ; fibres 9,5 g ; cholestérol 0 mg

SALADE DE FRUITS D'ÉTÉ

3 pamplemousses roses
3 grosses oranges
1 cuil. à soupe de sucre en poudre
1 bâton de cannelle
1 cuil. à soupe de menthe, hachée
feuilles de menthe, en garniture
yaourt allégé nature, pour servir

PRÉPARATION : 15 MINUTES
CUISSON : 5 MINUTES
POUR 4 À 6 PERSONNES

Peler les pamplemousses et les oranges, retirer la peau blanche et séparer en quartier en ôtant les membranes. Mettre le tout dans une jatte et mélanger.

Dans une casserole, mettre le sucre, le bâton de cannelle et la menthe hachée, ajouter 3 cuillerées à soupe d'eau et cuire à feu doux sans cesser de remuer jusqu'à ce que le sucre soit dissous.

Retirer le bâton de cannelle, filtrer le sirop et arroser les fruits. Garnir de feuilles de menthe fraîches et servir accompagné de yaourt nature allégé.

CONSEILS :
- Pour varier, utiliser des mandarines, des pamplemousses pomélos et des oranges sanguines, lorsqu'ils sont de saison. Incorporer des grains de grenade pour ajouter de la couleur.
- Cette salade de fruits se conserve 2 jours au réfrigérateur dans un récipient hermétique. Ainsi conservées, les saveurs n'en seront que plus développées.
- Vérifier qu'une médication éventuelle ne soit pas incompatible avec les pamplemousses (demander à son pharmacien ou lire la notice). Pour plus de sécurité, remplacer les pamplemousses par des mandarines, des oranges sanguines ou tout autre fruit de son choix.
- En cas d'utilisation de yaourt aromatisé, vérifier dans la composition que celui-ci ne contient pas de gluten.

CETTE SALADE D'AGRUMES
RAFRAÎCHISSANTE VOUS
DONNERA DU TONUS. RICHE
EN ANTIOXYDANTS, ELLE EST
PARFAITE POUR UN EN-CAS
LÉGER. AJOUTEZ DU YAOURT
NATURE POUR UN APPORT EN
PROTÉINES ET EN CALCIUM.

Valeur énergétique 315 kJ (75 cal)
Lipides 0,3 g
Graisses saturées 0 g
Protéines 2 g
Hydrates de carbone 15,6 g
Fibres 2,8 g
Cholestérol 0 mg

CRÊPES

NE PASSEZ PAS À CÔTÉ DES BONNES CHOSES DU SEUL FAIT DE VOTRE INTOLÉRANCE AU GLUTEN. EN CHOISISSANT LES BONS INGRÉDIENTS, VOUS POURREZ PRÉPARER DE NOMBREUX CLASSIQUES, COMME CES CRÊPES.

190 g de farine sans gluten
2 cuil. à café de levure sans gluten
1 œuf
1 cuil. à soupe d'huile de colza ou d'olive
fruits rouges, pour servir
sirop d'érable ou miel liquide, pour servir

PRÉPARATION : 10 MINUTES
CUISSON : 20 MINUTES
POUR 10 CRÊPES

Dans une jatte, tamiser la farine et la levure, et creuser un puits au centre. Mélanger l'œuf avec l'huile et 310 ml d'eau, verser le tout dans le puits et mélanger jusqu'à obtention d'une consistance homogène et crémeuse, en ajoutant éventuellement 3 cuillerées à soupe d'eau. Filtrer et transférer dans un pichet.

Huiler une poêle de 20 cm de diamètre, chauffer à feu moyen et verser assez de pâte pour couvrir le fond de la poêle. Cuire jusqu'à ce que la base de la crêpe commence à prendre, retourner à l'aide d'une spatule et transférer sur une assiette. Répéter l'opération avec la pâte restante en graissant la poêle entre la confection de chaque crêpe. Servir accompagné de fruits rouges et nappé de sirop d'érable.

CONSEILS :
• La pâte peut être préparée la veille et réservée au réfrigérateur – un bon moyen de gagner du temps le matin.
• Veiller à bien utiliser du sirop d'érable pur et non un quelconque sirop aromatisé à l'érable, contenant des colorants artificiels et un indice glycémique bien plus élevé (ce qui engendrerait une augmentation du taux de sucre dans le sang).
• Ces crêpes peuvent s'accommoder d'une multitude de garnitures (confiture sans sucre ajouté, jus de citron ou pâte à tartiner au chocolat sans gluten).

Valeur énergétique 408 kJ (97 cal) ; lipides 2,7 g ; graisses saturées 0,4 g ; protéines 0,9 g ; hydrates de carbone 17 g ; fibres 0,3 g ; cholestérol 19 mg

CRÊPES AU SARRASIN

VOICI UNE AUTRE RECETTE DE CRÊPES QUI ENTHOUSIASMERA VOTRE FAMILLE. UTILISEZ DE LA FARINE DE SARRASIN POUR PLUS DE NUTRIMENTS (FIBRES, PROTÉINES, VITAMINES ET MINÉRAUX).

135 g de farine de sarrasin

1 œuf

sirop d'érable ou miel liquide, pour servir

PRÉPARATION : 10 MINUTES

CUISSON : 20 MINUTES

POUR 16 À 20 CRÊPES

Dans une jatte, tamiser la farine et creuser un puits au centre. Battre l'œuf avec 185 ml d'eau, verser dans le puits et battre à l'aide d'une cuillère en bois jusqu'à obtention d'une pâte fluide. Transférer la pâte dans un pichet.

Huiler une poêle de 20 cm de diamètre, chauffer à feu moyen et verser assez de pâte pour couvrir le fond de la poêle.

Cuire jusqu'à ce que la base de la crêpe commence à prendre, retourner à l'aide d'une spatule et transférer sur une assiette. Répéter l'opération avec la pâte restante en graissant la poêle entre la confection de chaque crêpe. Servir arrosé de sirop d'érable.

CONSEILS :
* Ces crêpes peuvent s'accommoder d'une multitude de garnitures (confiture sans sucre ajouté, fruits rouges frais et yaourt nature, par exemple).
* Dans le cadre d'un régime hypocalorique, utiliser un spray pour huiler la poêle.
* Pour servir une fournée de crêpes à des invités tolérants au gluten, veiller à bien séparer les farines et les levures de façon à éviter toute contamination.

Valeur énergétique 118 kJ (28 cal) ; lipides 0,7 g ; graisses saturées 0,2 g ; protéines 1,2 g ; hydrates de carbone 4,1 g ; fibres 0,7 g ; cholestérol 9 mg

LES ŒUFS BROUILLÉS SONT
INCONTOURNABLES LORS D'UN
BRUNCH. L'AJOUT DE LÉGUMES
GRILLÉS EN FAIT UN PLAT
ENCORE PLUS NOURRISSANT
ET DÉLICIEUX.

Valeur énergétique 2 303 kJ (550 cal)
Lipides 29,3 g
Graisses saturées 6,8 g
Protéines 30,5 g
Hydrates de carbone 41,4 g
Fibres 7,1 g
Cholestérol 563 mg

ŒUFS BROUILLÉS AUX TOMATES ET AUX CHAMPIGNONS GRILLÉS

4 gros champignons de Paris
2 tomates mûres, coupées en deux
huile de colza ou d'olive en spray
2 cuil. à café de thym, un peu plus
**   pour la garniture**
6 œufs
1 cuil. à soupe de lait écrémé
30 g de margarine allégée
4 tranches de pain sans gluten, grillées

PRÉPARATION : 5 MINUTES
CUISSON : 10 MINUTES
POUR 2 PERSONNES

Huiler les champignons et les tomates à l'aide du spray, parsemer de thym et passer au gril préchauffé 3 à 5 minutes, jusqu'à ce qu'ils soient bien chauds.

Pendant ce temps, casser les œufs dans un bol, ajouter le lait, saler et poivrer. Battre à l'aide d'une fourchette jusqu'à ce que le tout soit bien mélangé.

Dans une petite poêle anti-adhésive, faire fondre la moitié de la margarine à feu doux, ajouter les œufs et cuire sans cesser de remuer délicatement à l'aide d'une cuillère en bois, jusqu'à ce que les œufs aient presque pris. Ajouter la margarine restante, retirer du feu immédiatement et remuer jusqu'à ce que les œufs aient totalement pris et que la margarine ait fondu. Servir immédiatement sur des tranches de pain grillées, garni de thym et accompagné de tomates et de champignons.

CONSEILS :
• Veiller à utiliser les œufs les plus frais possibles. Pour vérifier si des œufs sont frais, les plonger dans un bol d'eau froide : si l'œuf vient se déposer à l'horizontale au fond du bol, il est très frais ; si l'œuf flotte à la verticale, il n'est pas assez frais ; si c'est un peu entre les deux, l'œuf n'est pas totalement frais mais assez pour être utilisé ici.
• Si certains membres de la famille sont tolérants au gluten, veiller à bien secouer le grille-pain entre chaque utilisation.

CRUMPETS

NOMBREUX SONT CEUX QUI PENSENT DEVOIR ABANDONNER LES PÂTISSERIES PARCE QU'ILS SONT INTOLÉRANTS AU GLUTEN. HEUREUSEMENT, CE N'EST PAS LE CAS. GOÛTEZ DONC CES PETITES CRÊPES ÉPAISSES TYPIQUEMENT ANGLAISES.

450 g de farine levante sans gluten
1 cuil. à soupe de sucre en poudre
1 cuil. à café de sel
2 cuil. à café de levure sèche sans gluten
435 ml de lait tiède
½ cuil. à café de bicarbonate
beurre, pour servir
confiture de fraises (*voir* recettes de base),
  pour servir

PRÉPARATION : 15 MINUTES
  + 1 H 15 DE PAUSE
CUISSON : 45 MINUTES
POUR 10 CRUMPETS

Dans une jatte, mélanger la farine, le sucre, le sel et la levure, ajouter le lait et bien battre le tout, jusqu'à obtention d'une pâte. Couvrir et laisser reposer 1 heure près d'une source de chaleur de sorte que la pâte double de volume.

Battre la pâte à l'aide d'une cuillère en bois. Délayer le bicarbonate dans 4 cuillerées à soupe d'eau tiède, incorporer le tout à la pâte et laisser reposer encore 15 minutes.

Huiler une poêle anti-adhésive à fond épais et chauffer à feu moyen. Huiler un cercle à entremets de 9,5 cm de diamètre, placer dans la poêle et réduire le feu. Garnir le cercle à entremets aux trois quarts de pâte et cuire 12 à 15 minutes, jusqu'à ce que des bulles apparaissent à la surface, que la totalité de la pâte ait pris et que la base soit dorée. (Si les bulles n'éclatent pas, percer avec la point d'un couteau.) Couvrir la poêle et cuire encore 2 à 3 minutes. Démouler le crumpet en passant un couteau le long des parois du cercle à entremets et laisser refroidir sur une grille. Rincer le cercle à entremets, huiler de nouveau et répéter l'opération avec la pâte restante. Servir nappé de beurre et de confiture.

CONSEILS :
• Les cercles à entremets s'achètent en grande surface ou dans les magasins spécialisés.
• Les marques de farine sans gluten diffèrent les unes des autres selon les types de farine qu'elles contiennent et leurs proportions. Il faudra peut-être procéder à plusieurs tentatives avant de trouver celle qui convient à cette recette.
• Il est conseillé de conserver la levure sans gluten au congélateur.

Valeur énergétique 845 kJ (202 cal) ; lipides 2,8 g ; graisses saturées 1,2 g ; protéines 3,7 g ; hydrates de carbone 39 g ; fibres 3,8 g ; cholestérol 6 mg

GAUFRES

VOICI UNE AUTRE SURPRISE : DES GAUFRES SANS GLUTEN. VOUS AUREZ CERTAINEMENT BESOIN DE PROCÉDER À PLUSIEURS TENTATIVES AVANT DE TROUVER LA MARQUE DE FARINE QUI CONVIENT LE MIEUX ICI.

250 g de farine de soja levante sans gluten

3 cuil. à soupe de sucre en poudre

300 ml de lait

2 œufs

60 g de beurre, fondu, refroidi

beurre, pour servir

confiture de fraises (*voir* recettes de base), pour servir

PRÉPARATION : 10 MINUTES
+ 15 MINUTES DE PAUSE
CUISSON : 30 MINUTES
POUR 6 GAUFRES

Pour la pâte, tamiser la farine dans une jatte, ajouter le sucre et creuser un puits au centre. Battre les œufs avec le lait, verser dans le puits et mélanger jusqu'à obtention d'une consistance homogène. Incorporer le beurre fondu et laisser reposer 10 à 15 minutes.

Préchauffer le moule à gaufres. Verser 4 cuillerées à soupe de pâte au centre du moule à gaufres et cuire selon les instructions du fabricant. Transférer sur une grille et répéter l'opération avec la pâte restante en laissant le moule se réchauffer entre la cuisson de chaque gaufre. Servir accompagné de confiture de fraises et de beurre.

CONSEILS :
• Pour cette recette, il est important d'utiliser de la farine sans gluten qui contient de la farine de soja car celle-ci réagit à la cuisson de façon très similaire à la farine de blé.
• En cas d'intolérance au lait de vache, utiliser la même quantité de lait de riz ou de lait de soja.
• Ces gaufres peuvent être agrémentées d'une variété d'ingrédients, comme le sirop d'érable pur, le miel ou la confiture. En achetant la confiture, vérifier qu'elle ne contient pas de gluten.

Valeur énergétique 1 293 kJ (309 cal) ; lipides 12,5 g ; graisses saturées 5,3 g ; protéines 7,2 g ; hydrates de carbone 40 g ; fibres 2,5 g ; cholestérol 82 mg

ŒUFS POCHÉS AUX ÉPINARDS ET LEUR SAUCE AU YAOURT À L'AIL

SAUCE
125 g de yaourt allégé nature
1 petite gousse d'ail, hachée
1 cuil. à soupe de ciboulette ciselée

300 g de jeunes pousses d'épinard
15 g de beurre
4 tomates, coupées en deux
1 cuil. à soupe de vinaigre blanc

8 œufs
8 tranches épaisses de pain sans gluten, grillées

PRÉPARATION : 10 MINUTES
CUISSON : 15 MINUTES
POUR 4 PERSONNES

Pour la sauce, mélanger le yaourt, l'ail et la ciboulette.

Rincer les épinards, mettre dans une casserole sans égoutter et couvrir. Cuire 3 à 4 minutes à feu doux, jusqu'à ce que les feuilles aient flétri, ajouter le beurre, saler et poivrer. Retirer du feu et réserver au chaud.

Passer les tomates 3 à 5 minutes au gril préchauffé, côté coupé vers le haut, jusqu'à ce qu'elles soient tendres et chaudes.

Remplir une sauteuse aux trois quarts d'eau froide, ajouter le vinaigre et du sel de sorte que les œufs ne s'étendent pas à la cuisson et porter l'eau au point de frémissement. Casser un œuf dans un petit bol, faire glisser délicatement dans l'eau et répéter l'opération avec les œufs restants. Réduire le feu de sorte que l'eau ne fasse pas de remous et cuire 1 à 2 minutes, jusqu'à ce que les œufs aient juste pris. Retirer de l'eau à l'aide d'une spatule et égoutter sur du papier absorbant.

Garnir chaque tranche de pain d'épinards, ajouter un œuf poché et napper de sauce. Servir accompagné de tomates grillées.

CONSEILS :
• Ne pas utiliser de vinaigre de malt car il contient du gluten.
• Si certains membres de la famille sont tolérants au gluten, veiller à bien secouer le grille-pain entre chaque utilisation.

Cette recette nourrissante conviendra parfaitement à ceux qui souffrent d'une anémie engendrée par une maladie cœliaque non diagnostiquée car elle est riche en fer, zinc, acide folique et vitamines A, B12 et D.

Valeur énergétique 1 772 kJ (422 cal)
Lipides 16,1 g
Graisses saturées 5,4 g
Protéines 26,1 g
Hydrates de carbone 42,5 g
Fibres 8,3 g
Cholestérol 386 mg

HARICOTS À LA TOMATE

POURQUOI NE PAS VOUS ESSAYER À LA TRADITION ANGLAISE, À QUI NOUS DEVONS LE BRUNCH, ET AGRÉMENTER VOTRE REPAS DE CES HARICOTS ? SI VOUS ÊTES DIABÉTIQUE, SACHEZ QUE CE PLAT EST À FAIBLE INDICE GLYCÉMIQUE.

550 g de haricots de soja secs
400 g de tomates concassées en boîte
250 ml de bouillon de légumes
   (***voir*** **recettes de base)**
1 feuille de laurier
2 cuil. à soupe de persil haché

1 pincée de thym séché
1 cuil. à soupe d'huile de colza ou d'olive

PRÉPARATION : 5 MINUTES
CUISSON : 4 H 50
POUR 6 PERSONNES

Cuire les haricots de soja 4 heures à l'eau bouillante, jusqu'à ce qu'ils soient tendres. Bien égoutter et préchauffer le four à 180 °C (th. 6).

Transférer les haricots dans une cocotte, ajouter les tomates, le bouillon, les fines herbes et l'huile, et couvrir. Cuire 40 minutes au four préchauffé en vérifiant régulièrement la consistance de la sauce. Pour une sauce épaisse, retirer le couvercle et cuire encore 10 à 15 minutes, jusqu'à ce que la sauce ait réduit selon son goût.

CONSEILS :
• Veiller à bien regarder la composition des bouillons prêts à l'emploi car certains contiennent du gluten.
• Pour le brunch, servir les haricots accompagnés de pain sans gluten grillé. Pour un repas traditionnel, servir avec du riz ou des tortillas sans gluten.

Valeur énergétique 1 497 kJ (358 cal) ; lipides 21,7 g ; graisses saturées 3,1 g ; protéines 29,6 g ; hydrates de carbone 9,9 g ; fibres 19,7 g ; cholestérol 3 mg

ŒUFS EN COCOTTE

SI VOUS N'AVEZ PAS LE TEMPS DE PRÉPARER UN PLAT À PART POUR CELUI
DE LA FAMILLE QUI EST INTOLÉRANT AU GLUTEN, OPTEZ POUR CETTE RECETTE
TRÈS NOURRISSANTE QUI PLAIRA À TOUS.

1 cuil. à soupe d'huile d'olive
1 gousse d'ail, hachée
3 tomates mûres (environ 300 g), pelées, épépinées et hachées
½ cuil. à café d'huile d'olive, extra
4 œufs
2 cuil. à soupe de ciboulette ciselée
4 tranches épaisses de pain sans gluten
15 g de beurre

PRÉPARATION : 15 MINUTES
CUISSON : 30 MINUTES
POUR 4 PERSONNES

Préchauffer le four à 180 °C (th. 6). Pour la sauce tomate, chauffer l'huile dans une poêle à fond épais, ajouter l'ail et cuire 30 secondes. Ajouter les tomates, saler et poivrer. Cuire 15 minutes à feu moyen, jusqu'à épaississement.

Graisser 4 ramequins d'une consistance de 125 ml avec un peu d'huile d'olive et casser délicatement un œuf dans chaque ramequin en veillant à ne pas percer le jaune. Répartir la sauce tomate autour de chaque jaune d'œuf de sorte que celui-ci soit toujours visible. Parsemer de ciboulette, saler et poivrer

Mettre les ramequins dans un plat allant au four, verser de l'eau chaude dans le plat de sorte que les ramequins soient immergés à demi et cuire 10 à 12 minutes au four préchauffé, jusqu'à ce que les blancs d'œufs aient pris. Faire griller les tranches de pain, beurrer et servir en accompagnement des œufs en cocotte.

CONSEILS :
• Pour servir ce plat à des enfants, couper les tranches de pain en mouillettes.
• Si certains membres de la famille sont tolérants au gluten, veiller à bien secouer le grille-pain entre chaque utilisation.

Valeur énergétique 1 146 kJ (274 cal) ; lipides 13,5 g ; graisses saturées 4,4 g ; protéines 10,6 g ; hydrates de carbone 26,7 g ; fibres 1,6 g ; cholestérol 200 mg

VOICI UNE AUTRE RECETTE À BASE
D'ŒUFS QUI PEUT ÊTRE DÉGUSTÉE
À TOUTE HEURE DE LA JOURNÉE.
ELLE CONSTITUE UN DÉLICIEUX
MOYEN D'INTÉGRER DES LÉGUMES
ET DES FINES HERBES À VOS REPAS,
LE TOUT AVEC UN MINIMUM DE
CALORIES.

Valeur énergétique 1 423 kJ (340 cal)
Lipides 14,2 g
Graisses saturées 4,4 g
Protéines 26,6 g
Hydrates de carbone 25,3 g
Fibres 2,3 g
Cholestérol 384 mg

OMELETTE AUX TOMATES CERISES

**250 g de tomates cerises jaunes
ou rouges, coupées en deux**

4 œufs, légèrement battus

**1 poignée de fines herbes hachées
(persil, ciboulette, origan)**

2 blancs d'œufs

3 cuil. à soupe de gruyère allégé râpé

1 poignée de jeunes feuilles de roquette

**2 tranches épaisses de pain sans gluten,
grillées**

PRÉPARATION : 15 MINUTES
CUISSON : 20 MINUTES
POUR 2 PERSONNES

Préchauffer le four à 180 °C (th. 6). Chemiser une plaque de four de papier sulfurisé, ajouter les tomates, côté coupé vers le haut, saler et poivrer. Cuire 15 minutes au four préchauffé, jusqu'à ce qu'elles soient tendres. Réserver environ un tiers des tomates pour la garniture.

Battre les œufs entiers avec les fines herbes. Monter les blancs d'œufs en neige souple à l'aide d'un batteur électrique et incorporer au mélange précédent.

Préchauffer un gril à température moyenne. Chauffer une poêle de 22 cm de diamètre, huiler légèrement et verser la moitié de la préparation. Cuire 1 à 2 minutes, jusqu'à ce que la base de l'omelette soit dorée.

Parsemer l'omelette de la moitié du fromage et passer 1 minute au gril, jusqu'à ce que l'omelette ait pris et que le fromage ait fondu. Garnir de la moitié des tomates et de la roquette, plier l'omelette en deux et faire glisser sur une assiette. Parsemer de la moitié des tomates réservées. Répéter l'opération avec les ingrédients restants et servir accompagné de pain grillé.

CONSEILS :
- Toujours vérifier la composition du fromage râpé prêt à l'emploi. Dans certains pays, de la farine peut être ajoutée au fromage de façon à l'empêcher de coller.
- Choisir des œufs enrichis à l'oméga 3 de façon à enrichir le plat en nutriments essentiels.
- Les feuilles de roquette peuvent être remplacées par de jeunes pousses d'épinard.
- Si certains membres de la famille sont tolérants au gluten, veiller à bien secouer le grille- pain entre chaque utilisation.

COMPOTE DE FRUITS SECS

CETTE RECETTE À BASE DE FRUITS PEUT ÊTRE DÉGUSTÉE SEULE OU EN GARNITURE DE YAOURT OU DE CÉRÉALES. DÉLICIEUSE CHAUDE OU FROIDE, ELLE EST RICHE EN FIBRES ET ANTIOXYDANTS.

400 g de fruits secs mélangés (pêches, prunes, poires, abricots, pommes et nectarines)
500 ml de jus d'orange
1 cuil. à café de cassonade
1 ou 2 anis étoilés
1 gousse de vanille, coupée en deux dans la longueur
yaourt allégé nature, pour servir

PRÉPARATION : 10 MINUTES
CUISSON : 15 MINUTES
POUR 4 PERSONNES

Dans une casserole, mettre les fruits, ajouter le jus d'orange, le sucre, l'anis étoilé et la gousse de vanille, et porter lentement à ébullition. Réduire le feu, couvrir et laisser mijoter 15 minutes en remuant de temps en temps, jusqu'à ce que les fruits aient gonflés et soient juteux.

Jeter l'anis étoilé et la gousse de vanille. Servir arrosé de jus de cuisson et garni de yaourt.

CONSEILS :
• Pour changer les saveurs, remplacer l'anis étoilé et la vanille par un bâton de cannelle et 2 clous de girofle.
• En cas d'utilisation de yaourt aux fruits, veiller à ce que celui-ci soit sans gluten.

Valeur énergétique 1 239 kJ (295 cal) ; lipides 0,5 g ; graisses saturées 0 g ; protéines 3,8 g ; hydrates de carbone 70,8 g ; fibres 7,9 g ; cholestérol 0 mg

QUINOA AUX FRUITS FRAIS

VOICI UNE RECETTE À ESSAYER SI VOUS N'AVEZ JAMAIS GOÛTÉ AU QUINOA, UNE TOUTE PETITE GRAINE QUI NE CONTIENT PAS DE GLUTEN. LE QUINOA, TRÈS RAPIDE À PRÉPARER, POSSÈDE UNE TEXTURE LÉGÈRE ET UNE SAVEUR DOUCE.

175 g de quinoa biologique
500 ml de jus de pomme et de cassis
non sucré
1 bâton de cannelle
2 cuil. à café de zeste d'orange râpé
2 figues fraîches, hachées
2 pêches ou nectarines, hachées
200 g de fraises, équeutées et hachées
yaourt allégé nature, pour servir
feuilles de menthe, pour garnir

PRÉPARATION : 10 MINUTES
CUISSON : 15 MINUTES
POUR 4 À 6 PERSONNES

Rincer le quinoa à l'eau courante, égoutter et mettre dans une casserole. Ajouter le jus de fruits et le bâton de cannelle.

Porter à ébullition, couvrir et laisser mijoter 10 à 15 minutes, jusqu'à ce que tout le liquide soit absorbé et que les graines soient translucides. Jeter le bâton de cannelle, couvrir et laisser reposer de sorte que le quinoa se raffermisse et refroidisse.

Incorporer le zeste d'orange et la moitié des fruits hachés, répartir dans 4 bols et parsemer des fruits restants. Servir garni de yaourt et parsemé de feuilles de menthe fraîche.

CONSEILS :
• Le quinoa est cultivé en Amérique du Sud depuis cinq cents ans, il est désormais exporté depuis le Pérou. Le quinoa, qui peut parfaitement remplacer la semoule, s'achète dans les magasins d'alimentation diététique ou au rayon correspondant des grandes surfaces.
• En cas d'utilisation de yaourt aux fruits, veiller à ce que celui-ci soit sans gluten.

Valeur énergétique 737 kJ (176 cal) ; lipides 1,8 g ; graisses saturées 0,2 g ; protéines 5,1 g ; hydrates de carbone 32,4 g ; fibres 3,8 g ; cholestérol 0 mg

TOASTS À L'ITALIENNE

4 tomates roma, coupées en deux

2 gros champignons de Paris, coupés
   en deux

huile de colza ou d'olive en spray

8 tranches de bacon

165 g de fromage frais

2 cuil. à soupe de persil plat haché

1 cuil. à soupe de ciboulette ciselée

4 tranches épaisses de pain sans gluten,
   grillées

vinaigre balsamique

PRÉPARATION : 15 MINUTES

CUISSON : 10 MINUTES

POUR 4 PERSONNES

Préchauffer le gril. Mettre les champignons et les tomates sur une plaque, côté coupé vers le haut, huiler à l'aide du spray et poivrer. Sécher le bacon avec du papier absorbant et ajouter sur la plaque. Passer le tout 5 à 8 minutes au gril en retournant les tranches de bacon une fois et en les retirant de la plaque dès qu'elles sont croustillantes.

Mélanger le fromage frais, le persil et la ciboulette, étaler en couches épaisses sur les tranches de pain, et ajouter les tomates, les champignons et le bacon. Arroser de vinaigre balsamique et servir chaud.

CONSEILS :
• Le gluten peut se loger dans tous les ingrédients. Toujours vérifier la composition avant quelque achat que ce soit.
• Utiliser du pain sans gluten qui grille bien. Il faudra peut être plusieurs tentatives avant de trouver celui qui convient le mieux.
• Procéder de façon à éviter toute contamination de gluten par les ingrédients consommés par le reste de la famille. Les différents types de pain devront être séparés soigneusement, le grille-pain secoué entre chaque utilisation et les ustensiles bien nettoyés.

CHOISISSEZ DU BACON ALLÉGÉ EN MATIÈRES GRASSES SI VOUS SURVEILLEZ VOTRE LIGNE. LA VARIÉTÉ DES INGRÉDIENTS UTILISÉS ICI (LÉGUMES, VIANDE ET PRODUITS LAITIERS) OFFRE UNE GRANDE QUANTITÉ DE NUTRIMENTS.

Valeur énergétique 954 kJ (278 cal)

Lipides 5 g

Graisses saturées 2,5 g

Protéines 21,1 g

Hydrates de carbone 25,4 g

Fibres 1,7 g

Cholestérol 29 mg

En-cas, repas légers et garnitures

En-cas au maïs soufflé

**360 g de maïs soufflé pour le petit-déjeuner
sans gluten**
**400 g d'un mélange de fruits secs
et de fruits oléagineux crus**
90 g de son de riz
55 g de flocons de noix de coco, grillés
4 cuil. à soupe de graines de courge
260 g de miel

Préparation : 10 minutes
Cuisson : 20 minutes
Pour 20 personnes

Préchauffer le four à 180 °C (th. 6). Chemiser une plaque de four de papier sulfurisé. Mettre le maïs soufflé, le mélange de fruits, le son, les flocons de noix de coco et les graines de courge dans une terrine et bien mélanger.

Dans une casserole, chauffer le miel 3 minutes à feu doux, jusqu'à ce qu'il soit bien fluide, arroser le mélange précédent et mélanger de façon à ce que tous les ingrédients soient bien enrobés.

Répartir le mélange obtenu sur la plaque en une seule couche et cuire 15 minutes au four préchauffé en remuant de temps en temps, jusqu'à ce que le tout soit bien doré. Laisser refroidir complètement et conserver dans un récipient hermétique dans un endroit frais, à l'abri de la lumière.

CONSEILS :
• Pour réduire le taux de lipides de cette recette, omettre les flocons de noix de coco.
• Les graines de courge sont commercialisées dans les magasins d'alimentation diététique et dans le rayon correspondant des grandes surfaces.

De nombreux en-cas commercialisés contiennent du gluten. Il est plus sûr de préparer les vôtres. Emportez une portion de cette recette dans un petit sac pour le déguster en voyage ou sur votre lieu de travail.

Valeur énergétique 1 126 kJ (269 cal)
Lipides 15,8 g
Graisses saturées 2,1 g
Protéines 20 g
Hydrates de carbone 7,9 g
Fibres 12,1 g
Cholestérol 3 mg

53

NOIX ET GRAINES AU TAMARI

CE DÉLICIEUX MÉLANGE EST TOUT DÉSIGNÉ POUR LES AMATEURS DE SALÉ.
IL CONVIENT À MERVEILLE POUR L'APÉRITIF. CETTE RECETTE CONTENANT
BEAUCOUP DE LIPIDES, IL FAUDRA LA CONSOMMER AVEC MODÉRATION.

**235 g d'un mélange de fruits oléagineux
crus et non salés (amandes, noix
du Brésil, cacahuètes, noix)**
110 g de graines de courge
125 g de graines de tournesol
115 g de noix de cajou crues non salées
**150 g de noix de macadamia crues
non salées**
125 ml de tamari ou de sauce de soja

PRÉPARATION : 10 MINUTES
+ 10 MINUTES DE PAUSE
CUISSON : 25 MINUTES
POUR 750 G
POUR 12 PERSONNES

Préchauffer le four à 140 °C (th. 4-5). Préparer 2 plaques de four.

Mettre le mélange de fruits oléagineux, les graines de courge, les graines de tournesol, les noix de cajou et les noix de macadamia dans une grande terrine, arroser de tamari et bien mélanger le tout. Laisser reposer 10 minutes.

Étaler le mélange obtenu sur les plaques et cuire 20 à 25 minutes au four préchauffé, jusqu'à ce que le tout soit grillé selon son goût. Laisser refroidir complètement.

CONSEILS :
• Certaines noix grillées peuvent être saupoudrées de farine. Veiller à bien utiliser des noix crues.
• Le tamari est obtenu par la fermentation du soja et s'apparente à la sauce de soja. Il ne faudra toutefois pas en utiliser autant car le tamari est bien plus fort, car plus concentré.
• Le mélange ne sera peut-être pas croustillant au sortir du four mais il le sera une fois refroidi. Conserver 2 semaines dans un récipient hermétique à l'abri de la lumière. Si le mélange ramolli, passer 5 à 10 minutes au four.

Valeur énergétique 1 611 kJ (385 cal) ; lipides 34,3 g ; graisses saturées 4,5 g ; protéines 12,2 g ; hydrates de carbone 5,7 g ; fibres 5,1 g ; cholestérol 0 mg

Houmous

Voici une recette fabuleuse ! Il existe une infinité de manières d'utiliser l'houmous : comme dip, accompagné de craquelins sans gluten ou de crudités, ou comme substitut de beurre, par exemple.

220 g de pois chiches secs

2 cuil. à soupe de tahini

4 gousses d'ail, hachées

4 cuil. à soupe de jus de citron, un peu plus pour arroser (facultatif)

2 cuil. à soupe d'huile d'olive

2 cuil. à café de cumin en poudre

1 grosse pincée de poivre de Cayenne

½ cuil. à café de sel

paprika

1 cuil. à soupe de persil haché

Préparation : 20 minutes
+ une nuit de trempage
Cuisson : 1 h 15
Pour 20 personnes

Mettre les pois chiches dans une terrine, couvrir d'eau et laisser tremper une nuit. Égoutter et rincer.

Transférer dans une grande casserole, couvrir d'eau froide et porter à ébullition. Réduire le feu et laisser mijoter 1 h 15 en écumant régulièrement la surface, jusqu'à ce que les pois chiches soient tendres. Égoutter en réservant 250 ml de liquide de cuisson, laisser tiédir et ôter les éventuelles peaux qui se seraient détachées.

Mettre les pois chiches, le tahini, l'ail, le jus de citron, l'huile d'olive, le cumin, le sel et le poivre de Cayenne dans un robot de cuisine et mixer jusqu'à obtention d'une consistance homogène. Moteur en marche, incorporer progressivement 185 ml du liquide réservé de façon à obtenir une purée crémeuse. Arroser éventuellement de citron.

Étaler sur une assiette, saupoudrer de paprika et parsemer de persil.

CONSEILS :
• Le tahini est une pâte à base de graines de sésame. Il est commercialisé dans les magasins d'alimentation diététique ou le rayon correspondant des grandes surfaces.
• Servir accompagné de crudités ou de craquelins sans gluten.

Valeur énergétique 245 kJ (58 cal) ; lipides 3,7 g ; graisses saturées 0,5 g ; protéines 2,2 g ; hydrates de carbone 3,8 g ; fibres 1,7 g ; cholestérol 0 mg

CE SAMBAL D'AUBERGINE
ALLÉGÉ PEUT ÊTRE SERVI
EN GARNITURE D'UN CURRY
OU COMME DIP AVEC DU PAIN
OU DES CRAQUELINS SANS
GLUTEN.

Valeur énergétique 232 kJ (55 cal)
Lipides 1,9 g
Graisses saturées 0,6 g
Protéines 3 g
Hydrates de carbone 5,9 g
Fibres 3,3 g
Cholestérol 4 mg

SAMBAL D'AUBERGINE

2 aubergines, coupées en deux

huile de colza ou d'olive en spray

½ cuil. à café de curcuma en poudre

3 cuil. à soupe de jus de citron vert

2 piments rouges, épépinés et finement hachés

1 oignon rouge, finement haché

4 cuil. à soupe de yaourt nature

PRÉPARATION : 15 MINUTES

CUISSON : 30 MINUTES

POUR 4 PERSONNES

Préchauffer le four à 200 °C (th. 6-7). Mettre les aubergines dans un plat à rôti, côté coupé vers le haut, huiler à l'aide du spray et saupoudrer de curcuma. Cuire 30 minutes au four préchauffé, jusqu'à ce qu'elles soient uniformément dorées et très tendres.

Prélever la chair, transférer dans une terrine et réduire en purée avec le jus de citron vert, les piments et l'oignon rouge, en réservant un peu de piment et d'oignon pour la garniture.

Saler, incorporer le yaourt et garnir de l'oignon rouge et du piment restants.

CONSEILS :
- Ce dip est assez épais, il faudra choisir du pain assez grillé ou des craquelins très croquants sans gluten pour l'accompagner.
- Cette recette pourra constituer un parfait accompagnement pour un curry.

DIP AUX POIS CHICHES

CE DIP TRÈS NOURRISSANT POSSÈDE UN FAIBLE INDICE GLYCÉMIQUE. IL PEUT
ÊTRE SERVI AVEC DES CRUDITÉS OU DES TOASTS DE PAIN SANS GLUTEN. IL
PEUT ÉGALEMENT REMPLACER LE BEURRE DE FAÇON ORIGINALE.

400 g de haricots cannellini en boîte,
  égouttés et rincés
400 g de pois chiches en boîte, égouttés
  et rincés
1½ cuil. à café de cumin en poudre
3 gousses d'ail, hachées
2 cuil. à soupe de persil plat haché
3 cuil. à soupe de jus de citron
1 cuil. à café de zeste de citron râpé
1 cuil. à soupe de tahini

PRÉPARATION : 10 MINUTES
CUISSON : AUCUNE
POUR 3 À 4 PERSONNES

Mettre tous les ingrédients dans un robot de cuisine et mixer 30 secondes, jusqu'à
obtention d'une consistance homogène. Moteur en marche, ajouter progressivement
3 cuillerées à soupe d'eau chaude de façon à fluidifier le dip. Servir à température
ambiante, accompagné de crudités, de toasts de pain sans gluten, de craquelins ou
de galettes de riz.

CONSEILS :
• Le tahini est une pâte à base de graines de sésame. Il est commercialisé dans
  les magasins d'alimentation diététique ou au rayon correspondant des grandes surfaces.
• Veiller à toujours vérifier la composition des boîtes de conserve. Les haricots blancs
  ou les pois chiches pourraient avoir été agrémentés de conservateurs ou autre additif
  contenant du gluten.

Valeur énergétique 701 kJ (167 cal) ; lipides 4,7 g ; graisses saturées 0,6 g ; protéines 10,2 g ;
hydrates de carbone 17,7 g ; fibres 8,3 g ; cholestérol 0 mg

MOUSSE DE CHAMPIGNONS

QUOI DE MIEUX, POUR ÉVITER LES MAUVAISES SURPRISES, QUE DE PRÉPARER SOI-MÊME CE GENRE DE RECETTES ? CELLE-CI CONVIENT AUX VÉGÉTARIENS ET CONTIENT TRÈS PEU DE MATIÈRES GRASSES.

1 cuil. à café d'huile d'olive

1 petit oignon, haché

2 gousses d'ail, hachées

300 g de champignons, nettoyés et hachés

4 cuil. à soupe de vin blanc sec ou d'eau

80 g de chapelure sans gluten

2 cuil. à soupe de thym, un peu plus pour servir

2 cuil. à soupe de persil plat haché

1 cuil. à soupe de jus de citron

PRÉPARATION : 15 MINUTES
+ 1 HEURE DE RÉFRIGÉRATION
CUISSON : 10 MINUTES
POUR 4 À 6 PERSONNES

Dans une grande poêle profonde, chauffer l'huile, ajouter l'oignon et l'ail, et faire revenir 2 minutes sans cesser de remuer, sans laisser dorer. Ajouter les champignons, mouiller avec le vin ou l'eau, et cuire 1 minute sans cesser de remuer. Couvrir et laisser mijoter 5 minutes en remuant une ou deux fois. Retirer le couvercle, augmenter le feu et cuire jusqu'à ce que le liquide se soit totalement évaporé. Laisser refroidir.

Transférer la préparation dans un robot de cuisine, ajouter la chapelure et le jus de citron, et mixer jusqu'à obtention d'une consistance homogène. Saler, poivrer et transférer dans un plat de service. Couvrir et mettre au réfrigérateur au moins 1 heure de sorte que les saveurs se développent.

CONSEILS :
• Environ 3 tranches de pain sans gluten sont nécessaires pour obtenir la quantité de chapelure indiquée ici. Réduire en miettes dans un robot de cuisine.
• Servir accompagné de pain sans gluten ou de craquelins.

Valeur énergétique 320 kJ (76 cal) ; lipides 1,1 g ; graisses saturées 0,2 g ; protéines 3,3 g ; hydrates de carbone 10,1 g ; fibres 2,2 g ; cholestérol 1 mg

Mini-quiches aux poireaux

600 g de pommes de terre cuites à l'eau,
pelées et hachées
2 cuil. à soupe d'huile de colza ou d'olive
300 g de farine autolevante sans gluten
1 cuil. à café de levure sans gluten
1 cuil. à café de sel
2 œufs

GARNITURE
40 g de beurre
1 poireau, lavé et finement émincé
3 œufs
185 ml de lait
185 g de crème aigre

Préparation : 20 minutes
Cuisson : 50 minutes
Pour 24 mini-quiches

Préchauffer le four à 180 °C (th. 6). Graisser légèrement deux moules à mini-muffins à 12 alvéoles. Cuire les pommes de terre 15 minutes à l'eau bouillante, jusqu'à ce qu'elles soient tendres. Égoutter et réduire en purée. Environ 450 g de purée de pommes de terre chaude est nécessaire pour cette recette.

Transférer la purée dans une grande terrine et ajouter l'huile. Tamiser la farine et la levure dans la terrine, mélanger et incorporer le sel et les œufs pour obtenir une pâte souple et homogène. Pétrir la pâte sur un plan de travail saupoudrer de farine sans gluten, abaisser de sorte qu'elle ait 5 mm d'épaisseur et découper des ronds de 6 à 7 cm de diamètre. Foncer les moules à mini-muffins, cuire 5 minutes à blanc au four préchauffé et retirer du four. Presser de façon à ôter les éventuelles bulles d'air et laisser refroidir complètement. Augmenter la température du four à 200 °C (th. 6-7).

Pour la garniture, faire fondre le beurre dans une casserole à fond épais à feu moyen, ajouter le poireau et cuire 5 à 6 minutes en remuant souvent, jusqu'à ce qu'il soit tendre. Laisser refroidir, saler et poivrer.

Battre les œufs avec le lait et la crème aigre. Répartir le poireau dans les moules à mini-muffins, ajouter le mélange à base d'œufs et cuire 15 à 20 minutes au four préchauffé, jusqu'à ce que la garniture ait pris et soit dorée. Servir chaud ou froid.

CONSEILS :
• Ces mini-quiches peuvent être préparées la veille et conservées au réfrigérateur dans un récipient hermétique. Réchauffer 10 minutes au four préchauffé à 150 °C (th. 5).
• Ces mini-quiches peuvent être servies comme en-cas léger ou lors d'un buffet. Il faudra les consommer avec modération car elles sont riches en matières grasses. Il est aussi possible d'utiliser du lait allégé pour réduire le taux de lipides.

VOUS PENSIEZ PEUT-ÊTRE QUE
L'INTOLÉRANCE AU GLUTEN VOUS
EMPÊCHERAIT DE DÉGUSTER
QUICHES ET AUTRES TARTELETTES
SALÉES... VOICI LA PREUVE
DU CONTRAIRE !

Valeur énergétique 579 kJ (138 cal)
Lipides 7,7 g
Graisses saturées 3,7 g
Protéines 3 g
Hydrates de carbone 13,7 g
Fibres 1,5 g
Cholestérol 55 mg

MINI-QUICHES AUX PATATES DOUCES

CES MINI-QUICHES PEUVENT ÊTRE DÉGUSTÉES COMME EN-CAS OU LORS D'UN BUFFET. N'EN ABUSEZ TOUTEFOIS PAS CAR ELLES CONTIENNENT UN TAUX DE LIPIDES ÉLEVÉ. PENSEZ À UTILISER DU LAIT ÉCRÉMÉ.

450 g de farine sans gluten
200 g de beurre
2 œufs

GARNITURE AUX PATATES DOUCES
400 g de patates douces, pelées
 et coupées en dés de 1 cm
huile de colza ou d'olive en spray
200 g de ricotta, émiettée

2 cuil. à soupe de ciboulette ciselée
3 œufs
185 ml de lait
185 g de crème aigre

PRÉPARATION : 25 MINUTES
CUISSON : 35 MINUTES
POUR 24 MINI-QUICHES

Préchauffer le four à 200 °C (th. 6-7). Graisser légèrement une plaque de four et deux moules à mini-muffins à 12 alvéoles.

Dans une grande terrine, tamiser la farine, incorporer le beurre avec les doigts de façon à obtenir une consistance de chapelure et creuser un puits au centre de la terrine. Battre légèrement les œufs, verser dans le puits et ajouter 1 à 2 cuillerées à soupe d'eau de façon à obtenir une pâte souple. Pétrir la pâte sur un plan de travail saupoudré de farine sans gluten et abaisser entre deux feuilles de papier sulfurisé saupoudrées de farine sans gluten de sorte qu'elle ait 3 mm d'épaisseur. Découper des ronds de pâte de 6 à 7 cm de diamètre et foncer les moules à mini-muffins.

Pour la garniture, mettre les patates douces sur la plaque de four, huiler à l'aide du spray, saler et poivrer. Cuire 15 minutes au four préchauffé, jusqu'à ce qu'elles soient dorées, et laisser refroidir. Transférer dans une terrine, ajouter la ricotta et la ciboulette, et mélanger.

Mélanger les œufs, le lait et la crème aigre. Répartir le mélange à base de patates douces dans les moules, ajouter le mélange à base d'œufs et cuire 15 à 20 minutes au four préchauffé, jusqu'à ce que les mini-quiches soient dorées. Servir chaud ou froid.

CONSEIL :
• Ces mini-quiches peuvent être préparées la veille et conservées au réfrigérateur dans un récipient hermétique. Réchauffer 10 minutes au four préchauffé à 150 °C (th. 5).

Valeur énergétique 858 kJ (205 cal) ; lipides 12,7 g ; graisses saturées 7,7 g ; protéines 3,2 g ; hydrates de carbone 19,3 g ; fibres 0,6 g ; cholestérol 76 mg

CRAQUELINS

CES PETITS BISCUITS PEUVENT SE DÉGUSTER SEULS OU AVEC UN DIP. SI LES CRAQUELINS SONT POUR DES ENFANTS, ATTENDEZ-VOUS À EN CUISINER SOUVENT !

175 g de farine de riz
125 g de maïzena
40 g de son de riz
½ cuil. à café de sel
2 cuil. à soupe d'huile de colza
   ou d'olive

PRÉPARATION : 10 MINUTES
CUISSON : 25 MINUTES
POUR ENVIRON 40 CRAQUELINS

Préchauffer le four à 200 °C (th. 6-7). Graisser légèrement deux moules à roulé de 30 x 25 cm.

Dans une terrine, mélanger la farine de riz, la maïzena, le son de riz et le sel, et creuser un puits au centre. Mélanger 185 ml d'eau et l'huile, verser le tout dans le puits et bien mélanger.

Diviser la préparation en deux, presser chaque moitié dans un moule à roulé et cuire 20 à 25 minutes au four préchauffé. Laisser tiédir, casser en morceaux et conserver 2 jours dans un récipient hermétique.

CONSEIL :
• Pour obtenir des craquelins plus réguliers, tracer des lignes régulières dans la pâte à l'aide d'un couteau avant la cuisson.

Valeur énergétique 173 kJ (41 cal) ; lipides 1,3 g ; graisses saturées 0,2 g ; protéines 0,4 g ; hydrates de carbone 6,6 g ; fibres 0,4 g ; cholestérol 0 mg

QUE VOUS SOYEZ INTOLÉRANTS
AU GLUTEN OU NON, IL VOUS SERA
DIFFICILE DE RÉSISTER À CES
PETITS CHOUX FARCIS. APPORTEZ-EN
LORSQUE VOUS ÊTES INVITÉS
À MANGER, MAIS PRÉPAREZ-VOUS
À VOUS BATTRE POUR QUE L'ON
VOUS EN LAISSE !

Valeur énergétique 325 kJ (78 cal)
Lipides 5,3 g
Graisses saturées 1,5 g
Protéines 2,6 g
Hydrates de carbone 5 g
Fibres 0,2 g
Cholestérol 32 mg

CHOUX FARCIS AU POULET

4 cuil. à soupe d'huile de colza ou d'olive

115 g de farine sans gluten

¼ de cuil. à café de bicarbonate

¾ de cuil. à café de levure sans gluten

3 œufs

GARNITURE

40 g de beurre

150 g de blanc de poulet, sans peau

½ poireau, lavé et finement émincé

1 cuil. à soupe de farine sans gluten

3 cuil. à soupe de lait

3 cuil. à soupe de bouillon de volaille

1 cuil. à soupe de persil haché

PRÉPARATION : 1 HEURE

CUISSON : 40 MINUTES

POUR 24 CHOUX

Préchauffer le four à 210 °C (th. 7). Chemiser deux plaques de four de papier sulfurisé. Verser 250 ml d'eau et l'huile dans une casserole et porter à ébullition. Retirer du feu, ajouter la farine, le bicarbonate et la levure, et remettre sur le feu. Cuire sans cesser de remuer jusqu'à ce que la préparation épaississe et se détache des parois de la casserole. Transférer dans une terrine et laisser tiédir.

Battre la préparation à l'aide d'un batteur électrique en ajoutant les œufs un à un de façon à obtenir une pâte épaisse et brillante. Répartir des cuillerées de pâte sur les plaques de four, asperger uniformément d'eau et cuire 10 minutes au four préchauffé, jusqu'à ce que les choux aient gonflés et soient dorés. Réduire la température du four à 190 °C (th. 6-7) et cuire encore 10 à 15 minutes, jusqu'à ce que les choux soient bien cuits. Retirer du four et laisser refroidir sur une grille.

Pour la garniture, faire fondre 1 cuillerée à soupe de beurre dans une poêle à feu moyen, ajouter le poulet et faire revenir 3 minutes de chaque côté, jusqu'à ce qu'il soit bien cuit. Retirer de la poêle et couper en dés. Faire fondre le beurre restant dans une casserole, ajouter le poireau et cuire 5 à 6 minutes en remuant de temps en temps, jusqu'à ce qu'il soit tendre. Saupoudrer de farine et faire revenir 20 secondes sans cesser de remuer. Mouiller avec le lait et le bouillon, porter à ébullition sans cesser de remuer de sorte que la sauce épaississe, saler et poivrer. Incorporer le poulet et le persil, et réchauffer le tout.

Couper les choux en deux, farcir et refermer. Servir chaud.

CONSEIL :
• Les choux non garnis se conservent 1 semaine dans un récipient hermétique.
  S'ils ramollissent, réchauffer 5 à 10 minutes au four préchauffé à 150 °C (th. 5).

POULET AU MIEL

CETTE RECETTE DE POULET CONVIENDRA À TOUS SANS EXCEPTION CAR ELLE NE CONTIENT NI BLÉ, NI GLUTEN, NI FRUITS OLÉAGINEUX, NI ŒUFS, NI PRODUITS LAITIERS. EMPORTEZ-LES EN PIQUE-NIQUE, PAR EXEMPLE.

8 gros pilons de poulet, sans peau
4 cuil. à soupe de miel
3 cuil. à soupe de jus de poire
1 cuil. à soupe d'huile de colza ou d'olive
1 cuil. à café de sel

PRÉPARATION : 20 MINUTES
+ UNE NUIT DE MACÉRATION
CUISSON : 40 MINUTES
POUR 4 PERSONNES

Mettre le poulet dans une terrine peu profonde non métallique. Mélanger les ingrédients restants, ajouter dans la terrine et enrober le poulet. Laisser mariner une nuit en remuant de temps en temps.

Préchauffer le four à 180 °C (th. 6). Mettre le poulet et sa marinade dans un plat à rôti et cuire 35 à 40 minutes au four préchauffé en remuant et en arrosant de jus de cuisson régulièrement. Si le jus de cuisson brunît trop rapidement, ajouter un peu d'eau. Servir chaud ou froid.

CONSEIL :
• Servir seul comme en-cas ou accompagné de salade lors d'un repas.

Valeur énergétique 2 311 kJ (552 cal) ; lipides 23,5 g ; graisses saturées 5,8 g ; protéines 62,4 g ; hydrates de carbone 23,8 g ; fibres 0 g ; cholestérol 267 mg

TERRINE DE VEAU AU POULET

DE NOMBREUX PLATS VENDUS DANS LE COMMERCE CONTIENNENT DU GLUTEN. PLUTÔT QUE DE PASSER DU TEMPS À DÉTERMINER LA COMPOSITION DE CE QUE VOUS ACHETEZ, LANCEZ-VOUS DANS LA PRÉPARATION DE CETTE RECETTE.

2 cuil. à soupe d'huile de colza ou d'olive

2 gousses d'ail, hachées

1 poireau, lavé et finement haché

1 kg de veau haché

1 poignée de ciboulette ciselée

3 œufs, légèrement battus

2 cuil. à soupe d'huile de colza ou d'olive
supplémentaires

3 cuil. à soupe de gin

1½ cuil. à café de sel

40 g de chapelure sans gluten

2 blancs de poulet, sans peau et coupés
en quatre dans la longueur

PRÉPARATION : 45 MINUTES

CUISSON : 1 H 30

POUR 6 À 8 PERSONNES

Préchauffer le four à 180 °C (th. 6). Graisser un moule à cake de 20 x 10 cm et chemiser de papier d'aluminium.

Dans une poêle, chauffer l'huile à feu moyen, ajouter l'ail et le poireau, et faire revenir 5 minutes, jusqu'à ce qu'ils soient tendres. Laisser refroidir, transférer dans une terrine et ajouter le veau, la ciboulette, les œufs, l'huile supplémentaire, le gin, le sel et la chapelure. Pétrir avec les mains jusqu'à ce que le tout soit bien mélangé.

Répartir la moitié de la préparation obtenue dans le moule en pressant bien, ajouter les morceaux de poulet et garnir de la préparation restante. Couvrir de papier d'aluminium graissé, mettre le moule dans un plat et verser de l'eau bouillante dans le plat de sorte que le moule soit immergé à demi. Cuire 1 h 15 à 1 h 30 au four préchauffé.

Retirer le moule du plat, poser un morceau de carton dessus et lester (avec des boîtes de conserve par exemple). Mettre au réfrigérateur et laisser refroidir complètement.

CONSEILS :
• Pour faire la chapelure soi-même, mixer 1 à 2 tranches de pain sans gluten, sans la croûte.
• Couper en fines tranches et servir accompagné d'une salade ou comme garniture d'un sandwich.

Valeur énergétique 1 600 kJ (382 cal) ; lipides 20,6 g ; graisses saturées 5,2 g ; protéines 41,1 g ; hydrates de carbone 4,3 g ; fibres 0,5 g ; cholestérol 205 mg

PIZZA À LA CITROUILLE

450 g de farine sans gluten

4 cuil. à café de levure sèche

½ cuil. à café de sucre

1 cuil. à café de sel

1½ cuil. à soupe d'huile de colza ou d'olive

GARNITURE

500 g de citrouille, pelée, épépinée
  et hachée

huile de colza ou d'olive en spray

1 cuil. à soupe d'huile de colza ou d'olive

2 oignons, finement émincés

2 gousses d'ail, hachées

3 cuil. à soupe de pignons

3 cuil. à soupe de concentré de tomates

1 gousse d'ail supplémentaire, hachée

1 cuil. à café d'origan séché

125 g de feta allégée, émiettée

4 cuil. à soupe d'olives noires, dénoyautées
  et hachées

2 cuil. à soupe de thym

PRÉPARATION : 45 MINUTES
  + 1 HEURE POUR FAIRE LEVER LA PÂTE

CUISSON : 1 H 05

POUR 4 PERSONNES

Dans un petit bol, mettre le sucre, 3 cuillerées à soupe d'eau chaude et la levure, et laisser reposer jusqu'à ce que le mélange soit mousseux. Tamiser la farine et le sel dans une terrine, et creuser un puits au centre. Mélanger 250 ml d'eau chaude et l'huile, verser dans le puits et ajouter le mélange à base de levure. Mélanger à l'aide d'une cuillère en bois, puis malaxer avec les mains jusqu'à obtention d'une pâte souple.

Pétrir la pâte sur un plan de travail saupoudré de farine sans gluten, mettre dans une terrine huilée et couvrir. Laisser lever 1 heure près d'une source de chaleur, jusqu'à ce que la pâte ait doublé de volume.

Pour la garniture, préchauffer le four à 180 °C (th. 6) et chemiser une plaque de four de papier sulfurisé. Mettre la citrouille sur la plaque, huiler à l'aide du spray et cuire 45 minutes au four préchauffé. Sortir du four et réserver. Augmenter la température du four à 220 °C (th. 7-8). Dans une grande poêle anti-adhésive, chauffer l'huile à feu moyen, ajouter l'ail et les oignons, et cuire 5 minutes en remuant souvent, jusqu'à ce que les oignons soient très tendres. Incorporer les pignons, retirer du feu et réserver. Dans un petit bol, mélanger le concentré de tomates, l'ail supplémentaire, l'origan et 1 cuillerée à soupe d'eau.

Graisser deux plaques à pizza de 27 cm. Pétrir la pâte jusqu'à ce qu'elle reprenne sa taille originale, diviser en deux et abaisser finement sur un plan de travail saupoudré de farine sans gluten. Transférer sur les plaques, napper du mélange à base de concentré de tomates et garnir du mélange à base d'oignons. Parsemer de citrouille, de feta, d'olives et de thym, et cuire 20 minutes au four préchauffé, jusqu'à ce que la pâte soit dorée.

Cette recette originale de pizza sans gluten est riche en bétacarotène et en antioxydants, et ce grâce à la citrouille. Procédez à plusieurs essais pour trouver la farine qui convient le mieux.

Valeur énergétique 3 412 kJ (815 cal)

Lipides 30,3 g

Graisses saturées 7,6 g

Protéines 13,9 g

Hydrates de carbone 117,2 g

Fibres 6,4 g

Cholestérol 22 mg

TARTE AU FROMAGE BLANC

LE RIZ EST UN INGRÉDIENT PRIMORDIAL LORSQUE L'ON PRÉSENTE UNE
INTOLÉRANCE AU GLUTEN. CET INGRÉDIENT TRÈS ADAPTABLE CONSTITUE
ICI LA BASE D'UNE TARTE QUI PEUT SE MANGER CHAUDE OU FROIDE.

100 g de riz long-grain blanc
2 cuil. à soupe de ciboulette ciselée
30 g de beurre, fondu
4 cuil. à soupe de fromage blanc non battu
2 œufs, légèrement battus

PRÉPARATION : 40 MINUTES
+ REFROIDISSEMENT
CUISSON : 1 HEURE
POUR 4 À 6 PERSONNES

GARNITURE
60 g de beurre
5 oignons verts, émincés
4 œufs
250 g de fromage blanc non battu

Préchauffer le four à 170 °C (th. 5-6). Graisser un moule à tarte de 23 cm de diamètre.

Porter une casserole d'eau à ébullition, ajouter le riz et cuire 12 minutes, jusqu'à ce qu'il soit très tendre. Égoutter et laisser refroidir. On doit obtenir 280 g de riz cuit. Mélanger le riz froid avec la ciboulette, le beurre, le fromage blanc et les œufs, et répartir le tout dans le plat de façon à constituer un fond de tarte. Mettre 30 minutes au réfrigérateur.

Pour la garniture, faire fondre le beurre dans une petite casserole à feu doux, ajouter les oignons verts et cuire 8 à 10 minutes, jusqu'à ce qu'ils soient tendres, sans laisser brunir. Retirer du feu et laisser refroidir.

Mélanger les œufs, le fromage blanc et une pincée de sel, incorporer la préparation précédente et répartir dans le fond de tarte. Cuire 40 à 45 minutes au four préchauffé jusqu'à ce que la garniture soit ferme et dorée. Servir chaud ou froid.

CONSEILS :
• Le riz doit être bien cuit et légèrement tendre. Pour ce faire, remuer.
• En cas de diabète, utiliser un riz à faible indice glycémique (basmati ou doongara, par exemple).
• Servir seul ou accompagné d'une salade.

Valeur énergétique 1 285 kJ (307 cal) ; lipides 20,4 g ; graisses saturées 11,6 g ; protéines 15,7 g ; hydrates de carbone 15 g ; fibres 0,5 g ; cholestérol 240 mg

SALADE ÉPICÉE AUX LENTILLES

LES LENTILLES SONT EXCELLENTES POUR LA SANTÉ — ELLES SONT À FAIBLE INDICE GLYCÉMIQUE ET RICHES EN FIBRES, EN VITAMINES, EN MINÉRAUX ET EN ANTIOXYDANTS.

225 g de riz basmati

185 g de lentilles brunes

1 cuil. à café de curcuma en poudre

1 cuil. à café de cannelle en poudre

6 gousses de cardamome

3 anis étoilés

2 feuilles de laurier

3 cuil. à soupe d'huile de colza ou d'olive

1 cuil. à soupe de jus de citron

250 g de fleurettes de brocoli

2 carottes, pelées et coupées en julienne

1 oignon, finement haché

2 gousses d'ail, hachées

1 poivron rouge, finement haché

1 cuil. à café de garam masala

1 cuil. à café de coriandre en poudre

250 g de petits pois frais ou surgelés (décongelés)

SAUCE

250 g de yaourt nature

1 cuil. à soupe de jus de citron

1 cuil. à soupe de menthe hachée

1 cuil. à café de graines de cumin

PRÉPARATION : 30 MINUTES

CUISSON : 1 H 15

POUR 6 PERSONNES

Mettre le riz, les lentilles, le curcuma, la cannelle, les gousses de cardamome, l'anis étoilé et les feuilles de laurier dans une casserole, ajouter 750 ml d'eau et porter à ébullition en remuant bien. Réduire le feu, couvrir et laisser mijoter 50 minutes à 1 heure à feu doux, jusqu'à ce que le liquide soit absorbé. Retirer les épices entières, transférer dans une terrine et incorporer 2 cuillerées à soupe d'huile et le jus de citron en remuant à l'aide d'une fourchette.

Cuire le brocoli et les carottes à l'eau ou à la vapeur, jusqu'à ce qu'ils soient tendres. Égoutter et rafraîchir à l'eau courante.

Dans une grande poêle, chauffer l'huile restante, ajouter l'oignon, l'ail et le poivron, et faire revenir 2 à 3 minutes. Ajouter le garam masala et la coriandre, et faire revenir encore 1 à 2 minutes. Ajouter les légumes cuits et les petits pois, mélanger et incorporer le tout au riz à l'aide d'une fourchette. Couvrir et laisser refroidir au réfrigérateur.

Pour la sauce, mélanger le yaourt, le jus de citron, la menthe et les graines de cumin, saler et poivrer. Répartir la salade dans des bols ou des assiettes et arroser de sauce.

Valeur énergétique 1 601 kJ (381 cal) ; lipides 12 g ; graisses saturées 1,4 g ; protéines 17,4 g ; hydrates de carbone 51,5 g ; fibres 11,2 g ; cholestérol 4 mg

SI VOUS N'ÊTES PAS FAMILIARISÉ
À LA CUISINE SANS GLUTEN, ESSAYEZ
CETTE RECETTE ET VOUS VERREZ
QU'IL N'Y A RIEN DE PLUS SIMPLE.
CE TABOULÉ SANS GLUTEN PEUT
ÊTRE CONSOMMÉ COMME EN-CAS,
DANS UN SANDWICH OU EN
GARNITURE D'UN PLAT PRINCIPAL.

Valeur énergétique 751 kJ (179 cal)
Lipides 7,1 g
Graisses saturées 1 g
Protéines 5,2 g
Hydrates de carbone 20,9 g
Fibres 5,8 g
Cholestérol 0 mg

TABOULÉ AU SARRASIN GRILLÉ

165 g de sarrasin grillé

300 g de persil plat

1 poignée de menthe

4 oignons verts, finement émincés

4 tomates, finement hachées

2 gousses d'ail, hachées

3 cuil. à soupe de jus de citron

2 cuil. à soupe d'huile d'olive

PRÉPARATION : 30 MINUTES

+ 15 MINUTES DE TREMPAGE

CUISSON : AUCUNE

POUR 4 À 6 PERSONNES

Mettre le sarrasin dans une terrine, couvrir d'eau chaude et laisser tremper 15 minutes, jusqu'à ce que le sarrasin soit légèrement tendre. Égoutter, étaler sur un torchon et laisser sécher.

Hacher finement le persil et la menthe à l'aide d'un couteau tranchant ou dans un robot de cuisine. En cas d'utilisation d'un robot de cuisine, veiller à ne pas trop mixer.

Mettre le sarrasin, les fines herbes, les oignons verts et les tomates dans un saladier. Pour la sauce, mélanger l'ail, le jus de citron et l'huile, verser sur le taboulé et mélanger. Réserver au réfrigérateur et servir à température ambiante.

CONSEILS :
- Le sarrasin grillé s'achète dans les magasins d'alimentation diététique ou au rayon correspondant des grandes surfaces. Le sarrasin non grillé peut être légèrement amer : en cas d'utilisation, le faire grillé à sec quelques minutes.
- Pour rehausser la saveur du taboulé, ajouter 3 gousses d'ail, doubler la quantité de jus de citron et ajouter 1 cuillerée supplémentaire d'huile d'olive.

SALADE DE ROQUETTE AUX HARICOTS CANNELLINI

VOUS POUVEZ PROPOSER CETTE SALADE COLORÉE COMME ACCOMPAGNEMENT, COMME EN-CAS OU COMME PLAT PRINCIPAL VÉGÉTARIEN.

3 poivrons rouges, coupés en deux et épépinés
1 gousse d'ail, hachée
zeste d'un citron râpé
2 poignées de persil plat grossièrement haché
400 g de haricots cannellini en boîte, égouttés et rincés
2 cuil. à soupe de jus de citron

2 cuil. à soupe d'huile d'olive vierge extra
100 g de roquette ou de mesclun

PRÉPARATION : 20 MINUTES
CUISSON : 15 MINUTES
POUR 2 PERSONNES EN PLAT PRINCIPAL
    OU POUR 4 PERSONNES EN ENTRÉE

Préchauffer le gril à température moyenne. Passer les poivrons au gril, côté peau vers le haut, jusqu'à ce que la peau ait noirci. Transférer dans un sac en plastique, laisser reposer 5 minutes et peler. Couper la chair en lanières.

Mélanger l'ail, le zeste de citron et le persil.

Mettre les haricots dans une terrine, ajouter la moitié du mélange précédent, 1 cuillerée à soupe de jus de citron et 1 cuillerée à soupe d'huile d'olive vierge extra, saler et poivrer. Mettre la roquette sur un plat et incorporer le jus de citron et l'huile d'olive vierge extra restants.

Garnir la roquette du mélange à base de haricots, ajouter les lanières de poivrons et parsemer du mélange à base de persil restant. Saler, poivrer et servir immédiatement.

CONSEILS :
• Vérifier la composition des haricots avant achat de façon à s'assurer qu'ils ne contiennent pas de gluten.
• Plutôt que d'utiliser des haricots en boîte, il est possible de faire tremper 250 g de haricots secs toute une nuit et de cuire 30 à 40 minutes à l'eau bouillante additionnée d'un peu d'huile, sans sel.
• Les poivrons, les fines herbes et le jus de citron contiennent de la vitamine C, qui favorise l'assimilation du fer contenu dans les haricots.

Valeur énergétique 728 kJ (174 cal) ; lipides 9,7 g ; graisses saturées 1,3 g ; protéines 7,1 g ; hydrates de carbone 12,4 g ; fibres 5,9 g ; cholestérol 0 mg

SALADE DE CHAMPIGNONS GRILLÉS AUX HARICOTS VERTS

CETTE SALADE SOURCE DE VITAMINES B EST À RECOMMANDER AUX PERSONNES SOUFFRANT DE CARENCES ALIMENTAIRES.

600 g de champignons de Paris nettoyés

2 cuil. à soupe d'huile d'olive

3 gousses d'ail, hachées

2 cuil. à soupe de jus de citron

6 échalotes, éboutées, avec la peau

1½ cuil. à soupe de vinaigre à l'estragon

2 cuil. à café d'estragon finement haché

1 cuil. à soupe de persil plat finement haché

200 g de jeunes haricots verts, équeutés

2 poignées de roquette

PRÉPARATION : 15 MINUTES

CUISSON : 35 MINUTES

POUR 4 PERSONNES

Préchauffer le four à 200 °C (th. 6-7). Étaler les champignons en une seule couche dans un plat à gratin, ajouter l'huile, l'ail, le jus de citron et les échalotes, et mélanger. Cuire 30 minutes au four préchauffé en arrosant régulièrement de jus de cuisson. Sortir du four et laisser refroidir. Peler les échalotes.

Transférer le jus de cuisson dans un saladier, ajouter le vinaigre à l'estragon, l'estragon et le persil, saler et poivrer.

Blanchir les haricots verts 2 minutes à l'eau bouillante, égoutter et incorporer à la sauce. Laisser revenir à température ambiante.

Couper les champignons en quartiers, ajouter dans le saladier avec les échalotes et la roquette, et mélanger.

CONSEIL :
• Le vinaigre à l'estragon se trouve dans les épiceries fines. Il est également possible d'utiliser du vinaigre de vin blanc. Ne pas utiliser de vinaigre de malt car celui-ci contient du gluten.

Valeur énergétique 638 kJ (151 cal) ; lipides 9,9 g ; graisses saturées 1,3 g ; protéines 7,3 g ; hydrates de carbone 4,8 g ; fibres 6,2 g ; cholestérol 0 mg

Velouté de courge butternut

1 cuil. à soupe d'huile de colza ou d'olive

1 poireau, coupé en deux dans la longueur,
lavé et émincé

2 gousses d'ail, hachées

500 g de pommes de terre, pelées
et hachées

500 g de courge butternut, pelée, épépinée
et hachée

1,25 l de bouillon de légumes

ciboulette ciselée, pour servir

pain sans gluten, pour servir

Préparation : 30 minutes

Cuisson : 40 minutes

Pour 4 personnes

Dans une grande casserole, chauffer l'huile à feu moyen, ajouter le poireau et l'ail, et cuire 2 minutes sans cesser de remuer. Réduire le feu, couvrir et cuire 7 à 8 minutes en remuant de temps en temps, jusqu'à ce que le poireau soit très tendre.

Ajouter les pommes de terre, la courge et le bouillon, porter à ébullition et réduire le feu. Couvrir partiellement et laisser mijoter 20 à 25 minutes, jusqu'à ce que les légumes soient tendres. Laisser tiédir 10 minutes dans la casserole.

Passer la soupe dans un robot de cuisine ou un moulin à légumes, répartir dans des bols et garnir de ciboulette. Servir accompagné de pain sans gluten.

CONSEILS :
• En cas d'utilisation d'un bouillon prêt à l'emploi, vérifier la composition de façon à s'assurer qu'il ne contient pas de gluten. Pour plus de sécurité et de saveur, il est préférable de le préparer soi-même.
• Il est possible d'ajouter 2 cuillerées à café de crème fraîche allégée ou de yaourt nature.
• Les diabétiques devront s'abstenir de consommer cette soupe car elle a un indice glycémique élevé du fait de la présence de pommes de terre et de courge.

SERVEZ CETTE SOUPE EN ENTRÉE OU EN PLAT PRINCIPAL AVEC DU PAIN SANS GLUTEN. MÊME LES PALAIS DÉLICATS SERONT CONQUIS PAR SES SAVEURS SIMPLES ET SA CONSISTANCE VELOUTÉE.

Valeur énergétique 837 kJ (200 cal)
Lipides 6,2 g
Graisses saturées 1,1 g
Protéines 6,2 g
Hydrates de carbone 27,7 g
Fibres 7 g
Cholestérol 25 mg

SOUPE DE POISSON

BEAUCOUP NE CONSOMMENT PAS LES TROIS PORTIONS DE POISSON HEBDOMADAIRES RECOMMANDÉES PAR LES NUTRITIONNISTES. CETTE SOUPE OFFRE L'OCCASION PARFAITE D'INCLURE DU POISSON À VOTRE MENU.

2 cuil. à soupe d'huile de colza ou d'olive
1 gros poireau, lavé et finement émincé
500 g de pommes de terre, pelées
    et coupées en dés
2 gousses d'ail, hachées
1,5 l de bouillon de volaille
250 g de haricots verts, coupés en trois
500 g de poisson blanc ferme, coupé
    en petits cubes

3 oignons verts, finement émincés
    en biais

PRÉPARATION : 15 MINUTES
CUISSON : 30 MINUTES
POUR 4 PERSONNES

Dans une grande casserole, chauffer l'huile à feu moyen, ajouter le poireau et faire revenir 5 à 6 minutes à feu moyen, jusqu'à ce qu'il soit tendre.

Ajouter les pommes de terre et l'ail, et cuire 2 minutes sans cesser de remuer. Mouiller avec le bouillon, augmenter le feu et porter à ébullition. Réduire le feu, couvrir partiellement et laisser mijoter 10 minutes, jusqu'à ce que les pommes de terre soient presque tendres.

Ajouter les haricots verts et le poisson, cuire encore 5 minutes, jusqu'à ce que le poisson et les haricots verts soient cuits. Incorporer les oignons verts, saler et poivrer.

CONSEILS :
• En cas d'utilisation d'un bouillon prêt à l'emploi, vérifier la composition de façon
  à s'assurer qu'il ne contient pas de gluten. Pour plus de sécurité et de saveur,
  il est préférable de le préparer soi-même.
• Les diabétiques pourront remplacer les pommes de terre, qui ont un indice glycémique
  élevé, par des pois chiches ou des haricots blancs en boîte.

Valeur énergétique 1 487 kJ (355 cal) ; lipides 12,7 g ; graisses saturées 2 g ; protéines 36 g ; hydrates de carbone 21,8 g ; fibres 4,8 g ; cholestérol 81 mg

SOUPE DE NAVET AUX LENTILLES

CETTE SOUPE NOURRISSANTE CONTIENT DES LÉGUMES EXCELLENTS POUR LA SANTÉ. SI VOUS SOUFFREZ DE DIABÈTE, REMPLACEZ LE NAVET PAR UNE PETITE PATATE DOUCE DE FAÇON À RÉDUIRE L'INDICE GLYCÉMIQUE.

1 cuil. à café d'huile d'olive
1 oignon, haché
2 gousses d'ail, hachées
1 navet, pelé et haché
1 branche de céleri, hachée
1 grosse carotte, pelée et hachée
1 cuil. à café de cumin en poudre
1 cuil. à soupe de concentré de tomates
400 g de tomates concassées en boîte
185 g de lentilles rouges

1 litre de bouillon de volaille ou d'eau
1 cuil. à soupe de jus de citron
1 poignée de persil plat haché
pain sans gluten, pour servir

PRÉPARATION : 20 MINUTES
CUISSON : 30 MINUTES
POUR 4 PERSONNES

Dans une casserole à fond épais, chauffer l'huile, ajouter l'oignon et l'ail, et faire revenir 2 minutes, jusqu'à ce qu'ils soient tendres. Ajouter le navet, le céleri et la carotte, couvrir et cuire 8 minutes à feu doux, en remuant une ou deux fois et en veillant à ne pas laisser brunir.

Incorporer le cumin, le concentré de tomates, les tomates concassées et les lentilles, mouiller avec le bouillon ou l'eau et porter à ébullition. Réduire le feu et laisser mijoter 20 minutes, jusqu'à ce que les lentilles soient cuites. Saler, poivrer et incorporer le jus de citron et le persil. Servir avec du pain sans gluten.

CONSEILS :
• En cas d'utilisation d'un bouillon prêt à l'emploi, vérifier la composition de façon à s'assurer qu'il ne contient pas de gluten. Pour plus de sécurité et de saveur, il est préférable de le préparer soi-même.
• La soupe est très épaisse, mais il est possible de la fluidifier en ajoutant un peu d'eau ou de bouillon.
• Cette soupe se conserve au congélateur après avoir été portionnée.

Valeur énergétique 972 kJ (232 cal) ; lipides 2,8 g ; graisses saturées 0,4 g ; protéines 17,3 g ; hydrates de carbone 30,5 g ; fibres 10 g ; cholestérol 5 mg

FAITES VOYAGER VOS PAPILLES EN
PRÉPARANT CETTE DÉLICIEUSE SOUPE
ASIATIQUE. CETTE RECETTE À FAIBLE
INDICE GLYCÉMIQUE EST SOURCE
DE FER, DE ZINC, DE VITAMINES B12
ET D'ACIDES FOLIQUES. LES HERBES
ET LES ÉPICES EMPLOYÉS ICI
RÉVEILLERONT VOS SENS.

Valeur énergétique 1 367 kJ (326 cal)

Lipides 6,1 g

Graisses saturées 2,4 g

Protéines 31,2 g

Hydrates de carbone 35,9 g

Fibres 2,5 g

Cholestérol 64 mg

SOUPE VIETNAMIENNE

400 g de rumsteack maigre, paré
½ oignon
1½ cuil. à soupe de nuoc-mam
1 anis étoilé
1 bâton de cannelle
1 pincée de poivre blanc moulu
1,5 l de bouillon de bœuf
300 g de nouilles de riz fines fraîches
3 oignons verts, finement émincés
1 petite poignée de menthe vietnamienne
90 g de germes de soja, éboutés

1 petit oignon, coupé en deux et finement
émincé
1 petit piment rouge, finement émincé
en biais
quartiers de citron, pour servir

PRÉPARATION : 20 MINUTES
+ 40 MINUTES DE CONGÉLATION
CUISSON : 30 MINUTES
POUR 4 PERSONNES

Envelopper la viande dans du film alimentaire et mettre 40 minutes au congélateur.
La viande congelée se coupe plus facilement.

Pendant ce temps, mettre l'oignon, le nuoc-mam, l'anis étoilé, le bâton de cannelle,
le poivre blanc, le bouillon et 500 ml d'eau dans une grande casserole. Porter à ébullition,
réduire le feu et couvrir. Laisser mijoter 20 minutes, jeter l'oignon, l'anis étoilé et le bâton
de cannelle.

Mettre les nouilles dans une terrine résistant à la chaleur, couvrir d'eau bouillante et laisser
tremper 5 minutes, jusqu'à ce qu'elles soient tendres. Séparer délicatement et égoutter.
Couper la viande en fines tranches perpendiculairement au sens de la fibre.

Répartir les nouilles et les oignons verts dans de grands bols, garnir de viande, de menthe,
de germes de soja, d'oignon et de piment, et arroser de bouilllon. Servir accompagné de
quartiers de citron – le bouillon chaud cuira la viande.

CONSEILS :
• Le nuoc-mam peut contenir du gluten. Il faudra se renseigner au restaurant
  ou chez vos hôtes.
• En cas d'utilisation d'un bouillon prêt à l'emploi, vérifier la composition de façon
  à s'assurer qu'il ne contient pas de gluten. Pour plus de sécurité et de saveur,
  il est préférable de le préparer soi-même.
• La menthe vietnamienne possède une saveur poivrée. Elle peut être remplacée par
  de la menthe ordinaire.
• Les personnes qui présentent une intolérance au gluten ont le plus souvent
  une carence en fer. Cette soupe est un bon moyen d'y remédier.

PLATS PRINCIPAUX

DAL AUX LÉGUMES

SERVIR CE DAL AVEC DU RIZ BASMATI GARANTIT UN REPAS VÉGÉTARIEN
ÉQUILIBRÉ ET À FAIBLE INDICE GLYCÉMIQUE. LES ÉPICES AJOUTENT COULEURS
ET SAVEURS AINSI QUE DE NOMBREUX MINÉRAUX.

DAL
140 g de pois cassés jaunes
1 morceau de gingembre frais de 5 cm, râpé
2 ou 3 gousses d'ail, hachées
1 piment rouge, épépiné et haché

3 tomates
1 oignon rouge
¼ de chou-fleur
3 aubergines
2 carottes, pelées
2 petites courgettes
2 cuil. à café d'huile de colza ou d'olive

1 cuil. à café de graines de moutarde jaune
1 cuil. à café de graines de cumin
1 cuil. à café de cumin en poudre
½ cuil. à café de garam masala
375 ml de bouillon de légumes
(*voir* recettes de base)
80 g de petits pois surgelés, décongelés
1 grosse poignée de feuilles de coriandre

PRÉPARATION : 25 MINUTES
+ 2 HEURES DE TREMPAGE
CUISSON : 1 H 30
POUR 4 PERSONNES

Pour le dal, mettre les pois cassés dans une terrine, couvrir d'eau et laisser tremper
2 heures. Égoutter, transférer dans une grande casserole et ajouter le gingembre, l'ail,
le piment et 750 ml d'eau. Porter à ébullition, réduire le feu et laisser mijoter 40 minutes,
jusqu'à ce que les pois cassés soient tendres.

Pendant ce temps, préparer les légumes. Pour monder les tomates, pratiquer une incision
en croix à la base de chaque tomate, couvrir d'eau bouillante 30 secondes et plonger dans
de l'eau froide. Égoutter et retirer la peau en partant de la croix. Épépiner à l'aide d'une
petite cuillère et hacher la chair. Couper l'oignon en fins quartiers, séparer le chou-fleur
en fleurettes et détailler les aubergines, les carottes et les courgettes en rondelles épaisses.

Dans une casserole, chauffer l'huile à feu moyen, ajouter les graines de moutarde, les
graines de cumin, le cumin en poudre et le garam masala, et cuire 30 secondes, jusqu'à
ce que les arômes se développent. Ajouter l'oignon et cuire encore 2 minutes, jusqu'à
ce qu'il soit tendre. Ajouter les tomates, les aubergines, le chou-fleur et les carottes.

Ajouter le dal, mouiller avec le bouillon et couvrir. Laisser mijoter 45 minutes en remuant
de temps en temps, jusqu'à ce que les légumes soient tendres. Ajouter les courgettes et
les petits pois 10 minutes avant la fin de la cuisson. Incorporer la coriandre et servir chaud.

Valeur énergétique 858 kJ (204 cal) ; lipides 4,3 g ; graisses saturées 0,5 g ; protéines 14,1 g ;
hydrates de carbone 27,8 g ; fibres 10 g ; cholestérol 0 mg

LASAGNES DE BŒUF AUX ÉPINARDS

CETTE VERSION DE LASAGNES SANS GLUTEN SERA APPRÉCIÉ PAR TOUTE LA FAMILLE. VOUS VOUS ÉVITEREZ AINSI LA PEINE DE PRÉPARER DES PLATS DIFFÉRENTS POUR SATISFAIRE AUX EXIGENCES DE CHACUN.

1 cuil. à soupe d'huile de colza ou d'olive

1 gros oignon, finement haché

3 grosses gousses d'ail, hachées

1 branche de céleri, coupée en dés

500 g de bœuf maigre haché

1 cuil. à café d'origan séché

800 g de tomates concassées en boîte

2 cuil. à soupe de concentré de tomates

250 ml de bouillon de bœuf (*voir* recettes de base) ou d'eau

500 g d'épinards, parés et lavés

375 g de feuilles de lasagnes sans gluten

SAUCE BLANCHE

3 cuil. à soupe de farine de maïs pure

375 ml de lait écrémé

1 rondelle d'oignon

½ cuil. à café de noix muscade en poudre

150 g de ricotta

90 g de gruyère râpé

PRÉPARATION : 30 MINUTES

CUISSON : 1 H 45

POUR 6 À 8 PERSONNES

Dans une grande casserole anti-adhésive, chauffer l'huile, ajouter l'oignon et cuire 2 minutes. Ajouter l'ail et le céleri, et cuire encore 2 minutes. Ajouter le bœuf et l'origan, et cuire 5 minutes à feu vif, jusqu'à ce que la viande soit cuite, en écrasant les morceaux à l'aide d'une cuillère en bois. Ajouter les tomates, le concentré de tomates et le bouillon, saler et poivrer. Réduire le feu, couvrir et cuire 1 heure en remuant souvent, jusqu'à ce que la sauce épaississe. Si la sauce reste fluide, retirer le couvercle et laisser mijoter jusqu'à obtention de la consistance désirée. Rincer les épinards, mettre dans une casserole sans égoutter et cuire 1 minute, jusqu'à ce qu'ils aient flétri.

Pour la sauce, mettre la farine dans une casserole, ajouter un peu de lait et mélanger de façon à obtenir une pâte homogène. Ajouter le lait restant, la rondelle d'oignon et la noix muscade, porter à ébullition à feu moyen sans cesser de remuer et réduire le feu. Laisser mijoter 1 minute, retirer l'oignon et incorporer les fromages.

Préchauffer le four à 180 °C (th. 6). Répartir un tiers des feuilles de lasagnes dans un plat d'une contenance de 4 litres, ajouter la moitié de la préparation à base de viande et couvrir avec la moitié des épinards. Répéter l'opération en terminant avec les feuilles de lasagnes restantes et la sauce.Cuire 30 minutes au four préchauffé, jusqu'à ce que les lasagnes soient dorées, laisser reposer 5 minutes et servir.

Valeur énergétique 1782 kJ (426 cal) ; lipides 14,3 g ; graisses saturées 6,6 g ; protéines 26 g ; hydrates de carbone 49 g ; fibres 4,2 g ; cholestérol 57 mg

RIZ AUX DEUX HARICOTS ET AUX POIS CHICHES

2 cuil. à café d'huile de colza ou d'olive
1 gros oignon, finement haché
3 gousses d'ail, hachées
2 cuil. à soupe de cumin en poudre
1 cuil. à soupe de coriandre en poudre
1 cuil. à café de cannelle en poudre
1 cuil. à café de poudre de piment
400 g de tomates concassées en boîte
375 ml de bouillon de légumes
   (*voir* recettes de base)
400 g de pois chiches en boîte, égouttés
   et rincés

400 g de haricots rouges en boîte, égouttés
   et rincés
400 g de haricots cannellini en boîte,
   égouttés et rincés
2 cuil. à soupe de concentré de tomates
2 cuil. à café de sucre
400 g de riz basmati, rincé et égoutté

PRÉPARATION : 20 MINUTES
CUISSON : 35 MINUTES
POUR 4 PERSONNES

Dans une grande poêle, chauffer l'huile, ajouter l'oignon et cuire 5 minutes à feu moyen en remuant souvent, jusqu'à ce qu'il soit doré. Réduire le feu, ajouter l'ail, le cumin, la coriandre, la cannelle et la poudre de piment, et faire revenir 1 minute.

Ajouter les tomates, le bouillon, les pois chiches, les haricots rouges et les haricots cannellini, porter à ébullition et laisser mijoter 20 minutes en remuant de temps en temps. Ajouter le concentré de tomates et le sucre, saler et poivrer. Laisser mijoter encore 5 minutes.

Pendant ce temps, mettre le riz et 1 litre d'eau dans une casserole, porter à ébullition à feu moyen et réduire le feu. Couvrir et cuire 20 minutes, jusqu'à ce que le riz soit tendre. Retirer du feu et laisser reposer 5 minutes sans ôter le couvercle. Servir garni de haricots et de pois chiches.

CONSEILS :
• Vérifier la composition des haricots avant achat de façon à s'assurer qu'ils ne contiennent pas de gluten.
• Garnir le tout d'un peu de yaourt ou de fromage râpé, en vérifiant qu'ils ne contiennent pas de gluten.

CE PLAT VÉGÉTARIEN OFFRE
UN PEU DE VARIÉTÉ À CEUX QUI
PRÉSENTENT UNE INTOLÉRANCE
AU GLUTEN ET QUI ONT UN TAUX
DE CHOLESTÉROL TROP ÉLEVÉ.
À FAIBLE INDICE GLYCÉMIQUE, IL
EST RICHE EN FIBRES SOLUBLES.

Valeur énergétique 2 927 kJ (697 cal)
Lipides 7,4 g
Graisses saturées 0,9 g
Protéines 30,4 g
Hydrates de carbone 129,4 g
Fibres 21,9 g
Cholestérol 0 mg

Brochettes de thon et leur sauce tomate aux pois chiches

Ce plat à faible indice glycémique est riche en oméga 3 (nutriment bon pour le cœur, le cerveau et les yeux).

SAUCE TOMATE

2 cuil. à café d'huile d'olive

2 ou 3 petits piments rouges, épépinés et finement hachés

3 ou 4 gousses d'ail, hachées

1 oignon rouge, finement haché

3 tomates, épépinées et hachées

3 cuil. à soupe de vin blanc sec ou d'eau

600 g de pois chiches en boîte, égouttés et rincés

3 cuil. à soupe d'origan haché

4 cuil. à soupe de persil haché

1 kg de filets de thon

huile de colza ou d'olive en spray

quartiers de citron, pour servir

PRÉPARATION : 20 MINUTES

CUISSON : 20 MINUTES

POUR 4 PERSONNES

Pour la sauce, chauffer l'huile dans une grande casserole, ajouter les piments, l'ail et l'oignon, et faire revenir 5 minutes, jusqu'à ce qu'à ce qu'ils soient tendres. Ajouter les tomates, mouiller avec le vin et cuire 10 minutes à feu doux, jusqu'à obtention d'une consistance épaisse. Incorporer les pois chiches, l'origan et le persil, saler et poivrer.

Pendant ce temps, parer le thon et couper en cubes de 4 cm. Chauffer une poêle à fond rainuré ou préparer un barbecue. Piquer le thon sur 8 brochettes métalliques, huiler à l'aide du spray et cuire 3 minutes en retournant une fois. Veiller à ne pas trop cuire de façon à éviter que le thon se délite. Servir accompagné de sauce et garni de quartiers de citron.

CONSEILS :
• En cas d'utilisation de brochettes en bois, faire tremper celles-ci 30 minutes avant la cuisson.
• Vérifier la composition des pois chiches avant achat de façon à s'assurer qu'ils ne contiennent pas de gluten.

Valeur énergétique 2 244 kJ (534 cal) ; lipides 20 g ; graisses saturées 6,6 g ; protéines 70,6 g ; hydrates de carbone 17 g ; fibres 7,7 g ; cholestérol 90 mg

HACHIS DE POULET AU PIMENT

CETTE RECETTE TRÈS SIMPLE À PRÉPARER RAVIRA LES AMATEURS DE CHILI CON CARNE. SI VOUS PRÉFÉREZ, OPTEZ POUR LA VERSION TRADITIONNELLE EN REMPLAÇANT LE POULET PAR DE LA VIANDE DE BŒUF MAIGRE HACHÉE.

2 cuil. à café d'huile d'olive

1 oignon, finement haché

500 g de blancs de poulet, hachés

1 à 2 cuil. à café de poudre de piment doux

400 g de tomates concassées en boîte

2 cuil. à soupe de concentré de tomates

400 g de haricots rouges en boîte, égouttés
   et rincés

400 g de riz basmati, rincé et égoutté

4 cuil. à soupe de persil haché

250 g de yaourt nature allégé

PRÉPARATION : 10 MINUTES

CUISSON : 1 HEURE

POUR 4 PERSONNES

Dans une grande casserole, chauffer l'huile, ajouter l'oignon et cuire 3 minutes à feu moyen, jusqu'à ce qu'il soit tendre. Augmenter le feu, ajouter le poulet et cuire jusqu'à ce qu'il soit doré, en écrasant les morceaux à l'aide d'une cuillère en bois.

Incorporer la poudre de piment et cuire 1 minute. Ajouter les tomates et le concentré de tomates, mouiller avec 125 ml d'eau et porter à ébullition. Réduire le feu et laisser mijoter 30 minutes. Incorporer les haricots rouges et laisser mijoter jusqu'à ce qu'ils soient bien chauds. Saler et poivrer.

Pendant ce temps, mettre le riz et 1 litre d'eau dans une casserole, porter à ébullition à feu moyen et réduire le feu. Couvrir et cuire 20 minutes, jusqu'à ce que le riz soit tendre. Retirer du feu et laisser reposer 5 minutes sans ôter le couvercle.

Parsemer le poulet de persil, napper de yaourt et servir accompagné de riz.

CONSEILS :
- Les personnes qui présentent une intolérance au gluten ont le plus souvent une carence en fer. Ce hachis est un bon moyen d'y remédier.
- Vérifier la composition des haricots avant achat de façon à s'assurer qu'ils ne contiennent pas de gluten.

Valeur énergétique 2 871 kJ (683 cal) ; lipides 13,8 g ; graisses saturées 3,6 g ; protéines 40,3 g ; hydrates de carbone 98 g ; fibres 7,5 g ; cholestérol 116 mg

CETTE PAELLA EST SI DÉLICIEUSE
QUE VOUS NE REGRETTEREZ PAS
D'AVOIR PASSÉ UN PEU DE TEMPS
DANS VOTRE CUISINE. LA VARIÉTÉ
D'INGRÉDIENTS EMPLOYÉS ICI
EN FAIT UN PLAT TRÈS NUTRITIF,
RICHE EN ANTIOXYDANTS.

Valeur énergétique 1 531 kJ (366 cal)
Lipides 5,2 g
Graisses saturées 0,9 g
Protéines 17,6 g
Hydrates de carbone 57,1 g
Fibres 11,6 g
Cholestérol 0 mg

PAELLA VÉGÉTARIENNE

200 g de haricots secs

¼ de cuil. à café de stigmates de safran

2 cuil. à café d'huile d'olive

1 oignon, coupé en dés

1 poivron rouge, coupé en fines lanières

5 gousses d'ail, hachées

275 g de riz à paella ou arborio

1 cuil. à soupe de paprika doux

½ cuil. à café d'épices mélangées

750 ml de bouillon de légumes

(*voir* recettes de base)

400 g de tomates concassées en boîte

1½ cuil. à soupe de concentré de tomates

140 g de haricots de soja frais ou surgelés

100 g de blettes, ciselées

400 g de cœurs d'artichauts au naturel

en boîte, égouttés et rincés

4 cuil. à soupe de feuilles de coriandre

hachées

PRÉPARATION : 20 MINUTES

+ UNE NUIT DE TREMPAGE

CUISSON : 40 MINUTES

POUR 6 PERSONNES

Mettre les haricots dans une terrine, couvrir d'eau froide et laisser tremper une nuit. Égoutter et bien rincer.

Dans un petite poêle, faire griller le safran à sec 1 minute à feu moyen à doux, jusqu'à ce qu'il ait noirci. Retirer du feu, laisser refroidir et émietter dans un bol. Ajouter 125 ml d'eau chaude et laisser infuser.

Dans un plat à paella ou une grande poêle, chauffer l'huile, ajouter l'oignon et le poivron, et cuire 5 minutes à feu moyen à vif, jusqu'à ce que l'oignon soit tendre. Incorporer l'ail et cuire encore 1 minute. Réduire le feu, ajouter les haricots, le riz, le paprika et les épices, et saler. Mélanger, mouiller avec l'eau safranée et le bouillon, et ajouter les tomates et le concentré de tomates. Porter à ébullition, couvrir et réduire le feu. Laisser mijoter 20 minutes.

Incorporer les haricots de soja, les blettes et les cœurs d'artichauts, couvrir et cuire 8 minutes, jusqu'à ce que le liquide soit absorbé et que les haricots soient tendres. Éteindre le feu, laisser reposer 5 minutes et incorporer la coriandre juste avant de servir.

CONSEILS :

• Toujours vérifier la composition des bouillons prêts à l'emploi. Il est plus sûr de le préparer soi-même.

• Garnir de fromage râpé ou de yaourt nature pour augmenter l'apport en calcium – vérifier que le fromage râpé n'a pas été additionné de farine.

91

RAGOÛT DE PORC AUX LENTILLES À LA HONGROISE

CE PLAT, PAUVRE EN GRAISSE ET À FAIBLE INDICE GLYCÉMIQUE, EST RICHE EN FER, EN ZINC ET EN VITAMINES DU GROUPE B, DONT LA VITAMINE B12.

2 cuil. à café d'huile d'olive

2 oignons, hachés

500 g de porc maigre coupé en dés

2 cuil. à café de paprika doux

1 cuil. à café de paprika fort

½ cuil. à café de thym séché

2 cuil. à soupe de concentré de tomates

1 cuil. à café de cassonade

3 cuil. à soupe de lentilles rouges

375 ml de bouillon de bœuf

(*voir* recettes de base)

1 tomate

400 g de riz basmati, rincé et égoutté

2 cuil. à soupe de yaourt nature allégé

PRÉPARATION : 20 MINUTES

CUISSON : 1 H 05

POUR 4 PERSONNES

Dans une grande casserole, chauffer l'huile à feu vif, ajouter les oignons, les paprikas et le porc, et faire revenir 3 à 4 minutes, jusqu'à ce qu'il soit doré.

Ajouter le thym, le concentré de tomates, la cassonade et les lentilles, mouiller avec le bouillon, saler et poivrer. Porter à ébullition, réduire le feu et couvrir. Cuire 20 minutes en remuant de temps en temps de façon à éviter que la préparation attache. Retirer le couvercle et cuire 15 à 20 minutes, jusqu'à ce que la sauce ait épaissi.

Retirer du feu et laisser reposer 10 minutes. Couper la tomate en deux, épépiner et couper en fines lanières.

Pendant ce temps, mettre le riz et 1 litre d'eau dans une casserole, porter à ébullition à feu moyen et réduire le feu. Couvrir et cuire 20 minutes, jusqu'à ce que le riz soit tendre. Retirer du feu et laisser reposer 5 minutes sans ôter le couvercle.

Juste avant de servir, incorporer le yaourt au ragoût et parsemer de lanières de tomate. Servir accompagné de riz et de mesclun.

CONSEIL :
• Les personnes souffrant de diabètes pourront remplacer le riz par des nouilles ou des pâtes sans gluten à faible indice glycémique, comme les nouilles de soja ou les nouilles de riz.

Valeur énergétique 2485 kJ (592 cal) ; lipides 6,5 g ; graisses saturées 1,6 g ; protéines 41,1 g ; hydrates de carbone 91,8 g ; fibres 5,1 g ; cholestérol 119 mg

RAGOÛT D'AGNEAU AUX HARICOTS

CE RAGOÛT RAVIRA CHACUN AU COURS D'UNE LONGUE SOIRÉE D'HIVER CAR IL EST TRÈS NOURRISSANT. PRÉPAREZ-EN UNE DOUBLE QUANTITÉ ET CONGELEZ LES RESTES.

300 g de haricots borlotti ou rouges secs

1 kg d'épaule d'agneau désossée

2 cuil. à café d'huile d'olive

50 g de tranches de lard dégraissées, hachées

1 gros oignon, haché

2 gousses d'ail, hachées

1 grosse carotte, pelée et hachée

500 ml de vin rouge

1 cuil. à soupe de concentré de tomates

375 ml de bouillon de bœuf

(*voir* recettes de base)

2 gros brins de romarin

2 brins de thym

PRÉPARATION : 25 MINUTES

+ UNE NUIT DE TREMPAGE

CUISSON : 2 H 15

POUR 6 PERSONNES

Dans une grande terrine, mettre les haricots, couvrir d'eau et laisser tremper une nuit. Bien égoutter.

Préchauffer le four à 160 °C (th. 5-6). Dégraisser la viande et couper en cubes.

Dans une grande cocotte, chauffer l'huile à feu vif, ajouter la moitié de la viande et faire revenir 2 minutes. Retirer de la cocotte, réserver et répéter l'opération avec la viande restante. Mettre le lard et l'oignon dans la cocotte et cuire 3 minutes à feu moyen, jusqu'à ce que l'oignon soit tendre. Ajouter l'ail et la carotte, et cuire encore 1 minute, jusqu'à ce que les arômes se développent.

Remettre l'agneau dans la cocotte, augmenter le feu et mouiller avec le vin. Porter à ébullition et cuire 2 minutes. Ajouter les haricots, le concentré de tomates, le bouillon, le romarin et le thym, porter de nouveau à ébullition et couvrir. Cuire 2 heures au four préchauffé, jusqu'à ce que la viande soit tendre. Remuer de temps en temps et écumer régulièrement la surface. Saler, poivrer, retirer les brins d'herbes et servir.

CONSEILS :
- Servir accompagné de pâtes ou de pain sans gluten.
- Le gluten peut se cacher dans de nombreux ingrédients, tels que le lard, le concentré de tomates et le bouillon. Toujours vérifier la composition.

Valeur énergétique 1 933 kJ (460 cal) ; lipides 13,1 g ; graisses saturées 5,3 g ; protéines 51 g ; hydrates de carbone 23 g ; fibres 10,7 g ; cholestérol 113 mg

93

Rôti d'agneau aux fines herbes et ses légumes

6 grosses carottes, pelées et coupées
en biais en tronçons de 2 cm
huile de colza ou d'olive en spray
2 cuil. à soupe de moutarde de Dijon
2 cuil. à soupe de persil plat finement
haché
1 cuil. à café de thym finement haché
1 cuil. à café de sauge finement hachée
3 gousses d'ail, hachées
2 steaks d'agneau de 300 g, parés

750 g de petites pommes de terre
nouvelles
250 ml de bouillon de légumes
(*voir* recettes de base)
625 g de petits pois surgelés, décongelés
2 cuil. à soupe de menthe

PRÉPARATION : 20 MINUTES

CUISSON : 1 HEURE

POUR 4 PERSONNES

Préchauffer le four à 200 °C (th. 6-7). Huiler les carottes à l'aide du spray, saler et poivrer. Mettre dans un plat à rôti (la viande sera ajoutée dans le plat en cours de cuisson), et cuire 1 heure au four préchauffé, jusqu'à ce qu'elles soient tendres et dorées.

Mettre la moutarde, le persil, le thym, la sauge et 2 gousses d'ail dans un bol, mélanger et ajouter la viande. Bien enrober la viande de fines herbes et ajouter aux carottes 30 minutes avant la fin de la cuisson.

Pendant ce temps, cuire les pommes de terre nouvelles 12 minutes à l'eau bouillante, jusqu'à ce qu'elles soient tendres. Égoutter.

Dans une petite casserole, porter le bouillon à ébullition à feu vif, ajouter la gousse d'ail restante, la menthe et les petits pois, et cuire 3 minutes. Retirer du feu, transférer le tout dans un robot de cuisine et mixer jusqu'à obtention d'une consistance homogène. Saler et poivrer.

Retirer l'agneau du four, couvrir et laisser reposer 5 minutes. Couper en tranches perpendiculairement au sens de la fibre, répartir dans les assiettes et servir accompagné de pommes de terres nouvelles, de carottes et de purée de petits pois à la menthe.

CONSEIL :
• La moutarde sans gluten se trouve de plus en plus couramment au supermarché.

ANNULEZ LE RESTAURANT :
AVEC CETTE RECETTE, VOUS
AUREZ L'IMPRESSION QU'UN
CHEF EST VENU CUISINER CHEZ
VOUS ET VOUS N'AUREZ PAS
BESOIN DE VOUS ASSURER DE
L'ABSENCE DE GLUTEN DANS
VOTRE ASSIETTE.

Valeur énergétique 2 006 kJ (479 cal)
Lipides 8,4 g
Graisses saturées 2,7 g
Protéines 45,5 g
Hydrates de carbone 46,7 g
Fibres 16,5 g
Cholestérol 102 g

95

POULET AUX POIS MANGE-TOUT, AUX GERMES DE SOJA ET AUX NOUILLES

CETTE RECETTE TRÈS RAPIDE À PRÉPARER EST À INCLURE À VOTRE LISTE DES GRANDS FAVORIS DE LA SEMAINE. EN UN CLIN D'ŒIL, VOUS RÉGALEREZ LA FAMILLE AVEC UN BON PETIT PLAT SANS GLUTEN, SAIN ET TRÈS NOURRISSANT.

300 g de vermicelle de soja sec

500 g de blancs de poulet, sans peau

2 cuil. à café d'huile de colza ou d'olive

1 oignon, finement émincé

3 feuilles de lime kaffir, ciselées

1 poivron rouge, émincé

70 g de pois mange-tout, éboutés

3 cuil. à soupe de jus de citron vert

100 ml de tamari ou de sauce de soja

50 g de germes de pois mange-tout, éboutés

2 cuil. à soupe de feuilles de coriandre hachées

PRÉPARATION : 15 MINUTES

+ 10 MINUTES DE TREMPAGE

CUISSON : 30 MINUTES

POUR 4 PERSONNES

Mettre les nouilles dans une grande terrine, couvrir d'eau chaude et laisser tremper 10 minutes, jusqu'à ce qu'elles soient translucides. Transférer dans une casserole d'eau bouillante et cuire 10 minutes, jusqu'à ce qu'elles soient tendres. Rincer à l'eau courante et égoutter.

Pendant ce temps, parer le poulet et couper en fines tranches. Chauffer un wok à feu moyen, ajouter l'huile et bien étaler. Ajouter l'oignon et les feuilles de lime kaffir, et faire revenir 3 à 5 minutes, jusqu'à ce que l'oignon soit juste tendre. Retirer du wok et réserver. Mettre le poulet dans le wok et cuire 4 minutes, jusqu'à ce qu'il soit doré. Retirer du wok et réserver.

Remettre le mélange à base d'oignon dans le wok, ajouter le poulet, le poivron et les pois mange-tout, et cuire encore 2 à 3 minutes. Incorporer le jus de citron vert, le tamari et 2 cuillerées à soupe d'eau, et cuire 1 à 2 minutes, jusqu'à ce que la sauce ait légèrement réduit. Ajouter les nouilles, bien mélanger et incorporer les germes de pois mange-tout et la coriandre de sorte que les germes de pois mange-tout flétrissent légèrement.

CONSEIL :
• Utiliser le poulet, le tamari et le jus de citron vert comme base pour cette recette et ajouter les légumes et les fines herbes de son choix. Les asperges peuvent remplacer les pois mange-tout et la menthe, la coriandre.

Valeur énergétique 2 116 kJ (505 cal) ; lipides 9,3 g ; graisses saturées 2,3 g ; protéines 30,9 g ; hydrates de carbone 71,3 g ; fibres 2,1 g ; cholestérol 82 mg

SAUTÉ DE POIVRONS AUX HARICOTS ROUGES ET AUX POIS CHICHES

CE PLAT SE PRÉPARE EN MOINS DE 30 MINUTES ET PEUT ÊTRE SERVI COMME ACCOMPAGNEMENT OU COMME PLAT PRINCIPAL VÉGÉTARIEN. IL EST À FAIBLE INDICE GLYCÉMIQUE ET RICHE EN ANTIOXYDANTS.

2 cuil. à café d'huile de colza ou d'olive

2 gousses d'ail, hachées

1 oignon rouge, coupé en fins quartiers

1 poivron rouge, coupé en lanières fines et courtes

1 poivron jaune, coupé en lanières fines et courtes

400 g de pois chiches en boîte, égouttés et rincés

400 g de haricots rouges en boite, égouttés et rincés

1 cuil. à café de cassonade

2 cuil. à soupe de vinaigre balsamique

3 cuil. à soupe de jus de citron vert

250 g de tomates cerises, coupées en deux

1 concombre libanais, haché

3 cuil. à soupe de coriandre hachée

feuilles de laitue, pour servir

PRÉPARATION : 15 MINUTES

CUISSON : 10 MINUTES

POUR 6 PERSONNES

Chauffer un wok, ajouter l'huile et bien étaler. Ajouter l'ail, l'oignon et les lanières de poivrons, faire revenir 2 à 3 minutes à feu moyen et retirer du wok.

Mettre les pois chiches et les haricots rouges dans le wok, incorporer la cassonade et le vinaigre balsamique, et faire revenir 2 à 3 minutes, jusqu'à ce que le liquide ait réduit de moitié. Ajouter le jus de citron vert et bien mélanger.

À l'aide de cuillères en bois, incorporer les tomates cerises, le concombre, la coriandre et et le mélange à base de poivrons, et faire revenir sans cesser de remuer jusqu'à ce que le tout soit bien chaud. Mettre quelques feuilles de laitue sur chaque assiette et garnir de sauté de poivrons.

CONSEILS :
- Bien que la plupart des légumes et légumineuses ne contiennent pas de gluten, il est conseillé d'en vérifier la composition de façon à s'assurer que le fabricant n'ait pas incorporé de conservateur ou un quelconque additif contenant du gluten.
- Servir accompagné de riz basmati ou de quinoa plutôt que de laitue assurera un meilleur indice glycémique.

Valeur énergétique 478 kJ (114 cal) ; lipides 2,8 g ; graisses saturées 0,3 g ; protéines 6,4 g ; hydrates de carbone 15,3 g ; fibres 6,1 g ; cholestérol 0 mg

SI VOUS N'ÊTES PAS SÛR QUE
LE RESTAURANT INDIEN OÙ VOUS
SOUHAITEZ VOUS RENDRE SERVE
DES PLATS SANS GLUTEN, CHOISISSEZ
L'OPTION LA PLUS SÛRE ET PRÉPAREZ
VOUS MÊME CE DÉLICIEUX CURRY
D'AGNEAU TRADITIONNEL.

Valeur énergétique 2330 kJ (555 cal)
Lipides 15,2 g
Graisses saturées 5,3 g
Protéines 44,6 g
Hydrates de carbone 59,5 g
Fibres 3,4 g
Cholestérol 114 mg

ROGAN JOSH

1 kg d'épaule d'agneau dégraissée
2 cuil. à café d'huile de colza ou d'olive
2 oignons, hachés
125 g de yaourt allégé nature
1 cuil. à café de poudre de piment
1 cuil. à soupe de coriandre en poudre
2 cuil. à café de cumin en poudre
1 cuil. à café de cardamome en poudre
1 cuil. à café de curcuma en poudre
½ cuil. à café de clous de girofle en poudre
3 gousses d'ail, hachées
1 cuil. à soupe de gingembre frais râpé

400 g de tomates concassées en boîte
1 cuil. à café de sel
3 cuil. à soupe d'amandes mondées
400 g de riz basmati, rincé et égoutté
1 cuil. à café de garam masala
feuilles de coriandre hachées,
 pour servir

PRÉPARATION : 25 MINUTES

CUISSON : 2 HEURES

POUR 6 PERSONNES

Parer la viande et couper en cubes. Dans une grande casserole à fond épais, chauffer l'huile, ajouter les oignons et cuire 5 minutes sans cesser de remuer, jusqu'à ce qu'ils soient tendres. Incorporer le yaourt, la poudre de piment, la coriandre, le cumin, la cardamome, le curcuma, les clous de girofle, l'ail et le gingembre, et ajouter les tomates et le sel, et laisser mijoter 5 minutes.

Ajouter la viande, bien mélanger et couvrir. Cuire 1 heure à 1 h 30 à feu doux, jusqu'à ce que la viande soit tendre. Retirer le couvercle et laisser mijoter jusqu'à ce que la sauce épaississe.

Pendant ce temps, faire griller les amandes à sec 3 à 4 minutes dans une petite poêle, jusqu'à ce qu'elles soient dorées. Retirer de la poêle immédiatement de façon à éviter qu'elles brûlent. Pendant ce temps, mettre le riz et 1 litre d'eau dans une casserole, porter à ébullition à feu moyen et réduire le feu. Couvrir et cuire 20 minutes, jusqu'à ce que le riz soit tendre. Retirer du feu et laisser reposer 5 minutes sans ôter le couvercle.

Ajouter le garam masala au rogan josh, mélanger et parsemer d'amandes grillées et de coriandre. Servir accompagné de riz.

CONSEILS :
• Le rogan josh est encore meilleur le lendemain, car les saveurs se développent pendant la nuit.
• Servir accompagné de garnitures indiennes traditionnelles telles que le raïta de concombre, de tomate ou d'oignon, et de bananes au jus de citron et à la noix de coco.

POISSON TANDOORI

LES ÉPICES AJOUTENT COULEURS, SAVEURS ET MINÉRAUX À CE PLAT À TRÈS FAIBLE INDICE GLYCÉMIQUE. FAITES MARINER LE POISSON LA VEILLE POUR GAGNER DU TEMPS AVANT LE REPAS.

4 darnes de poisson à chair ferme

3 cuil. à soupe de jus de citron

1 oignon, finement haché

2 gousses d'ail, hachées

1 cuil. à soupe de gingembre frais râpé

1 piment rouge

1 cuil. à soupe de garam masala

1 cuil. à café de paprika

¼ de cuil. à café de sel

500 g de yaourt allégé nature

400 g de riz basmati, rincé et égoutté

PRÉPARATION : 20 MINUTES

+ UNE NUIT DE MACÉRATION

CUISSON : 30 MINUTES

POUR 4 PERSONNES

Sécher le poisson avec du papier absorbant, mettre dans un plat peu profond non métallique et enrober de jus de citron.

Pour la marinade, mettre l'oignon, l'ail, le gingembre, le piment, le garam masala, le paprika et le sel dans un robot de cuisine, transférer dans une terrine et incorporer le yaourt. Enrober le poisson de marinade, couvrir et mettre une nuit au réfrigérateur.

Pendant ce temps, mettre le riz et 1 litre d'eau dans une casserole, porter à ébullition à feu moyen et réduire le feu. Couvrir et cuire 20 minutes, jusqu'à ce que le riz soit tendre. Retirer du feu et laisser reposer 5 minutes sans ôter le couvercle.

Pendant ce temps, chauffer une poêle à fond rainuré ou préparer le barbecue, égoutter le poisson et cuire 3 à 4 minutes de chaque côté, jusqu'à ce que le poisson s'effeuille sous la fourchette. Servir accompagné de riz.

CONSEILS :
• Le rouget, le cabillaud ou le colin conviennent bien pour cette recette.
• Servir avec du yaourt supplémentaire, des pousses d'épinard fraîches ou du raïta de concombre.

Valeur énergétique 2 743 kJ (653 cal) ; lipides 8,2 g ; graisses saturées 4,1 g ; protéines 53,9 g ; hydrates de carbone 89 g ; fibres 2,7 g ; cholestérol 142 mg

BŒUF À LA CORIANDRE

VOICI UN PLAT TOUT INDIQUÉ POUR UN REPAS DE SEMAINE. LAISSEZ MARINER LA VIANDE TOUTE LA NUIT ET VOUS N'AUREZ QU'À FAIRE REVENIR LE TOUT LE LENDEMAIN.

4 gousses d'ail, finement hachées

1 cuil. à soupe de gingembre frais haché

1 grosse poignée de racines de coriandre, tiges et feuilles, hachées

3 cuil. à café d'huile de colza ou d'olive

500 g de steaks de bœuf dégraissés

400 g de nouilles de riz fraîches

1 oignon rouge, finement émincé

½ poivron rouge, finement émincé

½ poivron vert, finement émincé

2 cuil. à soupe de jus de citron vert

2 cuil. à soupe de tamari ou de sauce de soja

1 grosse poignée de feuilles de coriandre supplémentaire

PRÉPARATION : 20 MINUTES
+ 2 HEURES DE MACÉRATION

CUISSON : 20 MINUTES

POUR 4 PERSONNES

Pour la marinade, mettre l'ail, le gingembre, la coriandre et 2 cuillerées à café d'huile dans une terrine non métallique. Parer le bœuf, couper en fines lanières perpendiculairement au sens de la fibre et ajouter dans la terrine. Couvrir de film alimentaire et mettre 2 heures à une nuit au réfrigérateur.

Mettre les nouilles dans une terrine résistant à la chaleur, couvrir d'eau bouillante et laisser tremper 8 minutes, jusqu'à ce qu'elles soient tendres. Séparer délicatement et égoutter.

Chauffer un wok, huiler à l'aide du spray et ajouter un tiers de la viande. Faire revenir 2 à 3 minutes, jusqu'à ce qu'elle soit cuite, retirer du wok et réserver au chaud. Répéter l'opération avec la viande restante.

Chauffer la cuillerée à café d'huile restante dans le wok, ajouter l'oignon et cuire 3 à 4 minutes à feu moyen, jusqu'à ce qu'il soit tendre. Ajouter les poivrons et cuire encore 3 à 4 minutes sans cesser de remuer, jusqu'à ce qu'ils soient tendres.

Remettre la viande dans le wok, ajouter le jus de citron vert, le tamari, 2 cuillerées à soupe d'eau et la coriandre supplémentaire, et incorporer les nouilles. Bien mélanger le tout, retirer du feu, saler et poivrer.

CONSEIL :
- Le tamari ne contient généralement pas de gluten, mais il est plus sûr d'en vérifier la composition.

Valeur énergétique 1 701 kJ (406 cal) ; lipides 10 g ; graisses saturées 2,8 g ; protéines 32,6 g ; hydrates de carbone 44,3 g ; fibres 2,2 g ; cholestérol 80 mg

101

Calmars à la grecque

GARNITURE

2 cuil. à café d'huile d'olive

2 oignons verts, émincés

280 g de riz basmati cuit, froid

4 cuil. à soupe de pignons

4 cuil. à soupe d'abricots secs
finement hachés

2 cuil. à soupe de persil haché

2 cuil. à café de zeste de citron finement
râpé

1 œuf, légèrement battu

1 kg de blancs de calmars, nettoyés

SAUCE

4 grosses tomates mûres

2 cuil. à café d'huile d'olive

1 oignon, finement haché

1 gousse d'ail, hachée

3 cuil. à soupe de vin rouge de qualité
supérieure

1 cuil. à soupe d'origan haché

Préparation : 30 minutes

Cuisson : 35 minutes

Pour 4 à 6 personnes

Préchauffer le four à 160 °C (th. 5-6). Pour la garniture, mélanger l'huile, les oignons verts, le riz, les pignons, les abricots secs, le persil et le zeste de citron, et incorporer assez d'œuf pour lier le tout.

Rincer les calmars, sécher avec du papier absorbant et farcir chacun aux trois quarts. Fixer à l'aide de piques à cocktail et répartir en une seule couche dans une cocotte.

Pour la sauce, pratiquer une incision en croix à la base de chaque tomate, plonger dans de l'eau bouillante 30 secondes et transférer dans de l'eau froide. Égoutter, peler en partant de la croix et hacher. Dans une poêle, chauffer l'huile, ajouter l'oignon et l'ail, et cuire 2 minutes à feu doux, jusqu'à ce que l'oignon soit tendre. Ajouter les tomates, le vin et l'origan, et porter à ébullition. Réduire le feu, couvrir et cuire 10 minutes à feu doux.

Verser la sauce sur les calmars, couvrir et cuire 20 minutes au four préchauffé, jusqu'à ce que les calmars soient tendres. Retirer les piques à cocktail, couper en tranches et servir nappé de sauce.

CONSEIL :
• Il faudra cuire 100 g de riz basmati cru pour obtenir la quantité indiquée.

Voilà un plat qui vous fera voyager vers les îles grecques et le soleil. Ces calmars sont bien plus nourrissants que les calmars frits vendus dans le commerce et surtout bien meilleurs pour la santé.

Valeur énergétique 1 454 kJ (346 cal)
Lipides 13,2 g
Graisses saturées 1,8 g
Protéines 33,4 g
Hydrates de carbone 21,7 g
Fibres 3,9 g
Cholestérol 363 mg

103

RISOTTO AUX PETITS LÉGUMES

POURQUOI NE PAS ACCUEILLIR LE PRINTEMPS AVEC CE DÉLICIEUX RISOTTO ?
AJOUTEZ QUELQUES LANIÈRES DE POULET GRILLÉ ET VOUS OBTIENDREZ
UN REPAS COMPLET, RICHE EN PROTÉINES, EN FER ET EN ZINC.

250 g de tomates cerises

3 gousses d'ail non pelées

3 brins de thym

huile de colza ou d'olive en spray

1,75 l de bouillon de volaille

(*voir* recettes de base)

2 cuil. à café d'huile d'olive

1 oignon, finement haché

440 g de riz arborio

175 g d'asperges, éboutées et coupées
en tronçons de 2 cm

175 g de jeunes carottes, coupées
en biais en deux

115 g de petits pois surgelés, décongelés

2 cuil. à soupe de menthe hachée

2 cuil. à soupe de basilic haché

2 cuil. à soupe de persil plat haché

4 cuil. à soupe de parmesan râpé

PRÉPARATION : 20 MINUTES

CUISSON : 30 MINUTES

POUR 4 PERSONNES

Préchauffer le four à 180 °C (th. 6). Mettre les tomates dans une terrine en verre ou en céramique, ajouter l'ail et le thym, et huiler à l'aide du spray. Saler, poivrer et cuire 30 minutes au four préchauffé, jusqu'à ce que les tomates soient tendres, sans se déliter.

Pendant ce temps, verser le bouillon dans une casserole, porter à ébullition et réduire le feu. Réserver à frémissement. Dans une casserole à fond épais, chauffer l'huile à feu moyen, ajouter l'oignon et cuire 6 à 7 minutes sans cesser de remuer, jusqu'à ce que l'oignon soit tendre. Ajouter le riz et faire revenir 1 minute sans cesser de remuer, jusqu'à ce que le riz soit bien enrobé de matières grasses.

Mouiller avec 125 ml de bouillon frémissant, cuire à feu moyen sans cesser de remuer jusqu'à ce que le bouillon soit absorbé et répéter l'opération avec le bouillon restant. Ajouter les asperges et les carottes après 15 minutes de cuisson. Le riz doit être tendre et crémeux. Incorporer les petits pois, les fines herbes et le parmesan, saler et poivrer.

Répartir le risotto dans des bols, garnir avec les tomates et arroser de leur jus de cuisson.

Valeur énergétique 2 315 kJ (553 cal) ; lipides 6,8 g ; graisses saturées 2,3 g ; protéines 17,7 g ; hydrates de carbone 100,8 g ; fibres 7,9 g ; cholestérol 26 mg

POULET CROUSTILLANT

SI VOUS ÊTES AMATEUR DE POULET, CETTE RECETTE EST POUR VOUS : ELLE EST PAUVRE EN MATIÈRES GRASSES ET SANS GLUTEN. CE POULET PEUT ÊTRE SERVI CHAUD OU FROID, LORS D'UN PIQUE-NIQUE PAR EXEMPLE.

80 g de farine sans gluten
2 œufs
90 g de son de riz
2 à 3 cuil. à soupe de graines de pavot
10 découpes de poulet, sans peau
huile de colza ou d'olive en spray

YAOURT À LA CIBOULETTE
125 g de yaourt nature allégé
2 cuil. à soupe de ciboulette ciselée

PRÉPARATION : 20 MINUTES
+ 30 MINUTES DE RÉFRIGÉRATION
CUISSON : 30 MINUTES
POUR 4 PERSONNES

Préchauffer le four à 200 °C (th. 6-7). Graisser légèrement une plaque de four.

Mettre la farine dans une assiette. Dans un bol, battre les œufs avec 2 cuillerées à soupe d'eau. Dans un autre bol, mélanger les graines de pavot, le son de riz et un peu de sel. Passer le poulet dans la farine, plonger dans l'œuf battu et enrober du mélange à base de son de riz en pressant bien. Transférer le poulet sur la plaque et mettre 30 minutes au réfrigérateur.

Huiler le poulet à l'aide du spray et cuire 30 minutes au four préchauffé, jusqu'à ce qu'il soit doré et bien cuit.

Mélanger le yaourt et la ciboulette, et saler. Servir le poulet chaud ou froid, accompagné de yaourt à la ciboulette.

CONSEIL :
• Servir accompagné de mesclun et de pommes de terre.

Valeur énergétique 2 687 kJ (642 cal) ; lipides 27,1 g ; graisses saturées 6,5 g ; protéines 66,9 g ; hydrates de carbone 27,9 g ; fibres 8,1 g ; cholestérol 313 mg

CE PLAT TRÈS COLORÉ EST RICHE
EN SAVEURS MÉDITERRANÉENNES.
IL EST SOURCE DE PROTÉINES, DE
FER, DE ZINC ET D'ANTIOXYDANTS.
SERVEZ-LE AVEC DU RIZ, DU
QUINOA OU DES PÂTES ET DU PAIN
SANS GLUTEN.

Valeur énergétique 1 510 kJ (359 cal)
Lipides 12,7 g
Graisses saturées 3,5 g
Protéines 50,6 g
Hydrates de carbone 8,6 g
Fibres 5,4 g
Cholestérol 132 mg

POULET ET SES LÉGUMES DU SOLEIL

1 poivron rouge

1 aubergine

3 tomates

200 g de gros champignons de Paris

1 oignon

huile de colza ou d'olive en spray

1½ cuil. à soupe de concentré de tomates

125 ml de bouillon de volaille

(*voir* recettes de base)

3 cuil. à soupe de vin blanc sec

2 tranches de lard dégraissées

4 blancs de poulet, sans peau

4 petits brins de romarin

PRÉPARATION : 30 MINUTES

CUISSON : 1 H 30

POUR 4 PERSONNES

Préchauffer le four à 200 °C (th. 6-7). Couper le poivron et l'aubergine en cubes, les tomates en quartiers, les champignons en deux et l'oignon en fins quartiers. Transférer dans un plat allant au four, huiler à l'aide du spray et cuire 1 heure au four préchauffé, jusqu'à ce que le tout soit doré et bien tendre.

Délayer le concentré de tomates dans le bouillon et le vin, verser dans le plat et cuire encore 10 minutes, jusqu'à ce que la sauce épaississe.

Pendant ce temps, couper les tranches de lard en deux dans la longueur, envelopper chaque blanc de poulet d'une demi-tranche de lard et maintenir à l'aide d'une pique à cocktail. Glisser un brin de romarin sous chaque demi-tranche de lard. Chauffer une poêle anti-adhésive, huiler à l'aide du spray et cuire le poulet 2 à 3 minutes de chaque côté, jusqu'à ce qu'il soit doré. Retirer les piques à cocktail et servir sur un lit de légumes.

CONSEILS :
- Toujours vérifier la composition des ingrédients utilisés pour une recette.
- Du gluten peut être ajouté au cours du processus de conservation de certaines viandes, il faudra donc également en vérifier la composition avant l'achat.

PÂTES AUX FRUITS DE MER

CE PLAT DE PÂTES EST TOUT INDIQUÉ SI VOUS ÊTES TRÈS ACTIF – UNE SEULE PART VOUS PROCURERA ASSEZ D'HYDRATES DE CARBONE POUR VOUS DONNER DE L'ÉNERGIE AINSI QUE DE NOMBREUX MINÉRAUX ET VITAMINES.

1 cuil. à soupe d'huile d'olive
1 gros oignon, coupé en fins quartiers
2 gousses d'ail, hachées
80 g de champignons de Paris, finement
   émincés
3 tomates mûres, grossièrement hachées
800 g de tomates concassées en boîte
1 cuil. à soupe de concentré de tomates
1 cuil. à café de sucre
1 cuil. à café de poivre noir
3 cuil. à soupe de câpres, rincées,
   égouttées et hachées
8 crevettes de taille moyenne crues,
   décortiquées et déveinées

8 noix de Saint-Jacques, parées
2 petits blancs de calmar nettoyés, coupés
   en anneaux
1 grosse poignée de persil plat, hachée
1 poignée de basilic, ciselé
500 g de fettuccines sans gluten,
   ou d'autres pâtes
parmesan fraîchement râpé, pour servir
   (facultatif)

PRÉPARATION : 15 MINUTES
CUISSON : 30 MINUTES
POUR 4 À 6 PERSONNES

Dans une grande casserole à fond épais, chauffer l'huile d'olive, ajouter l'oignon et l'ail, et cuire 2 minutes, jusqu'à ce qu'ils soient tendres. Ajouter les champignons, les tomates fraîches, les tomates concassées, le concentré de tomates, le sucre, le poivre, les câpres et 250 ml d'eau. Porter à ébullition, réduire le feu et laisser mijoter 20 minutes. Incorporer les crevettes, les noix de Saint-Jacques et les calmars, et cuire encore 2 à 3 minutes, jusqu'à ce que les fruits de mer soient cuits. Incorporer le persil et le basilic juste avant de servir.

Pendant ce temps, cuire les pâtes 10 minutes à l'eau bouillante, jusqu'à ce qu'elles soient *al dente*. Égoutter, remettre dans la casserole et incorporer à la sauce. Répartir le tout dans des bols et garnir éventuellement de parmesan.

Valeur énergétique 1 867 kJ (446 cal) ; lipides 5,1 g ; graisses saturées 0,9 g ; protéines 20,6 g ; hydrates de carbone 75,8 g ; fibres 6,2 g ; cholestérol 110 mg

POISSON AU GINGEMBRE ET SON RIZ À LA CORIANDRE

CE PLAT EST CONSEILLÉ SI VOUS SURVEILLEZ VOTRE LIGNE CAR IL CONTIENT PEU DE CALORIES.

400 g de riz basmati, rincé et égoutté
4 darnes de poisson à chair blanche
1 morceau de gingembre frais de 5 cm, émincé
2 gousses d'ail, hachées
2 cuil. à café de piment rouge haché
2 cuil. à soupe de coriandre hachée, tiges et feuilles
3 oignons verts, finement émincés

feuilles de coriandre, hachées, supplémentaires
3 cuil. à soupe de jus de citron vert
1 cuil. à soupe de nuoc-mam
2 cuil. à café de miel

PRÉPARATION : 20 MINUTES
CUISSON : 30 MINUTES
POUR 4 PERSONNES

Mettre le riz et 1 litre d'eau dans une casserole, porter à ébullition à feu moyen et réduire le feu. Couvrir et cuire 20 minutes, jusqu'à ce que le riz soit tendre. Retirer du feu et laisser reposer 5 minutes sans ôter le couvercle.

Pendant ce temps, chemiser un panier à étuver en bambou de papier sulfurisé ou de feuilles de bananier, ajouter le poisson et garnir de gingembre, d'ail, de piment et de coriandre. Couvrir et cuire 8 à 10 minutes à la vapeur en veillant à ce que le panier à étuver ne touche pas l'eau. Parsemer le poisson d'oignons verts, couvrir de nouveau et cuire encore 30 secondes, jusqu'à ce que le poisson s'effeuille.

Incorporer la coriandre supplémentaire au riz, répartir sur des assiettes et ajouter le poisson. Arroser de jus de citron, de nuoc-mam et de miel, et servir.

CONSEILS :
• Le rouget, le cabillaud ou le colin conviennent bien pour cette recette.
• Quelques marques de sauce de poisson proposent désormais une version sans gluten de ce produit.

Valeur énergétique 2 236 kJ (534 cal) ; lipides 3,2 g ; graisses saturées 1,1 g ; protéines 39,7 g ; hydrates de carbone 84,1 g ; fibres 1,6 g ; cholestérol 96 mg

POISSON EN CROÛTE DE RIZ PILÉ

2 œufs

2 cuil. à soupe de lait

4 cuil. à soupe de farine sans gluten

80 g de riz pilé

4 filets de poisson blanc, arêtes retirées

huile de colza ou d'olive en spray

feuilles de laitue, pour servir

chutney (*voir* recettes de base), pour servir

POMMES DE TERRE GRILLÉES

1 kg de pommes de terre, pelées
   et coupées en quartiers

huile de colza ou d'olive en spray

PRÉPARATION : 20 MINUTES

CUISSON : 50 MINUTES

POUR 4 PERSONNES

Préchauffer le four à 220 °C (th. 6-7). Chemiser deux plaques de four de papier sulfurisé.

Battre les œufs avec le lait dans un bol. Tamiser la farine sur une assiette, saler et poivrer. Mettre le riz pilé dans un autre bol. Plonger le poisson dans le mélange à base d'œuf, passer dans la farine et enrober de riz pilé. Répartir sur une des plaques chemisées en une seule couche et réserver au réfrigérateur.

Mettre les quartiers de pommes de terre dans une terrine, saupoudrer de sel et huiler à l'aide du spray. Mélanger et répartir sur la seconde plaque en une seule couche.

Cuire les pommes de terre 30 minutes au four préchauffé en retournant une fois et mettre la plaque en bas du four. Retirer le poisson du réfrigérateur, huiler à l'aide du spray et mettre la plaque en haut du four. Cuire le tout 20 minutes, jusqu'à ce que le poisson s'effeuille et que les quartiers de pommes de terre soient croustillants. Servir le tout accompagné de laitue et de chutney.

CONSEIL :
• La plupart des chutneys vendus dans le commerce contiennent du gluten, il sera préférable de le préparer soi-même.

VOICI UNE VERSION SANS GLUTEN
DU TRADITIONNEL FISH AND CHIPS
ANGLAIS. LA CUISSON AU FOUR
EN FAIT EN OUTRE UN PLAT ALLÉGÉ
EN MATIÈRES GRASSES.

Valeur énergétique 2 058 kJ (492 cal)
Lipides 9,1 g
Graisses saturées 2,4 g
Protéines 42,7 g
Hydrates de carbone 56,1 g
Fibres 4 g
Cholestérol 188 mg

SALADE DE POIVRONS AU BŒUF ET AUX OLIVES

SI VOUS PRÉSENTEZ UNE CARENCE EN FER, ESSAYEZ CETTE RECETTE. TOUTE LA FAMILLE SE RÉGALERA.

750 g de petites pommes de terre
    nouvelles
1 poivron rouge, épépiné et coupé
    en quatre
100 g de haricots verts, équeutés
    et coupés en deux
4 filets de bœuf de 125 g chacun
250 ml de vin rouge
2 cuil. à soupe de vinaigre balsamique
1 cuil. à soupe de cassonade
10 petites feuilles de thym

4 poignées de mesclun
90 g d'olives vertes en saumure,
    dénoyautées et légèrement écrasées
1 cuil. à soupe de petites câpres, rincées
    et égouttées (facultatif)

PRÉPARATION : 20 MINUTES
CUISSON : 25 MINUTES
POUR 4 PERSONNES

Cuire les pommes de terre 12 minutes à l'eau bouillante, jusqu'à ce qu'elles soient tendres. Égoutter, rafraîchir à l'eau courante et réserver.

Mettre le poivron sur une plaque, côté peau vers le haut, et passer au gril préchauffé à température moyenne jusqu'à ce qu'il ait noirci. Transférer dans un sac en plastique et laisser reposer 5 minutes. Peler et couper la chair en fines lanières. Blanchir les haricots verts 2 minutes à l'eau bouillante, égoutter et rafraîchir à l'eau courante.

Sécher la viande avec du papier absorbant. Huiler une poêle anti-adhésive, chauffer et ajouter la viande. Cuire 2 à 3 minutes de chaque côté, retirer de la poêle et couvrir de papier aluminium. Réserver.

Verser le vin et le vinaigre dans la poêle, ajouter le sucre et la moitié du thym, et porter à ébullition sans cesser de remuer. Laisser bouillir jusqu'à ce que la sauce ait réduit d'un tiers environ et laisser tiédir.

Mélanger les feuilles de salade, les poivrons et les haricots verts, répartir le tout dans des assiettes et parsemer de pommes de terre, d'olives et de câpres. Couper la viande en tranches de 1 cm d'épaisseur et répartir dans les assiettes. Arroser de sauce et garnir des feuilles de thym restantes.

Valeur énergétique 1 706 kJ (407 cal) ; lipides 9,5 g ; graisses saturées 3,6 g ; protéines 31,8 g ; hydrates de carbone 34,3 g ; fibres 5,8 g ; cholestérol 72 mg

SPAGHETTIS À LA BOLOGNAISE

CETTE VERSION DE LA RECETTE TANT APPRÉCIÉE EST UN VRAI RÉGAL. PENSEZ À LA PRÉPARER UN SOIR DE SEMAINE, VOUS AUREZ TERMINÉ EN UN CLIN D'ŒIL. N'HÉSITEZ PAS À RÉCHAUFFER LES RESTES !

1 cuil. à soupe d'huile de colza ou d'olive

1 oignon, haché

2 grosses gousses d'ail, hachées

1 branche de céleri, coupée en dés

1 carotte, pelée et coupée en dés

90 g de champignons de Paris, finement hachés

500 g de bœuf maigre haché

1 cuil. à café d'origan séché

250 ml de vin rouge

250 ml de bouillon de bœuf
(*voir* recettes de base)

800 g de tomates concassées en boîte

2 cuil. à soupe de concentré de tomates

375 g de spaghettis sans gluten

parmesan fraîchement râpé, pour servir

2 cuil. à soupe de basilic haché, pour servir

PRÉPARATION : 20 MINUTES

CUISSON : 1 H 30

POUR 4 PERSONNES

Dans une poêle anti-adhésive, chauffer l'huile, ajouter l'oignon et cuire 3 minutes en remuant de temps en temps. Ajouter l'ail, le céleri, la carotte et les champignons, et cuire encore 2 minutes. Ajouter la viande hachée et cuire 5 minutes à feu vif, jusqu'à ce qu'elle soit cuite, en brisant les morceaux à l'aide d'une cuillère en bois. Ajouter l'origan, mouiller avec le vin et cuire 3 à 4 minutes, jusqu'à ce que le jus se soit évaporé.

Mouiller avec le bouillon, ajouter les tomates et le concentré de tomates, saler et poivrer. Réduire le feu, couvrir et laisser mijoter 1 heure en remuant de temps en temps de sorte que la préparation n'attache pas. Si la sauce est trop fluide, retirer le couvercle et laisser mijoter jusqu'à obtention de la consistance souhaitée. Laisser tiédir.

Pendant ce temps, cuire les pâtes 10 minutes à l'eau bouillante, jusqu'à ce qu'elles soient tendres. Égoutter, incorporer à la sauce et servir garni de parmesan et de basilic.

CONSEILS :
• Préparer des pâtes avec et sans gluten pour les différents membres de la famille ou selon les invités. Veiller à utiliser deux casseroles distinctes ainsi que deux passoires.
• Servir accompagné de mesclun agrémenté de vinaigre balsamique.

Valeur énergétique 2 735 kJ (653 cal) ; lipides 14,7 g ; graisses saturées 4,2 g ; protéines 35,4 g ; hydrates de carbone 78,6 g ; fibres 6,5 g ; cholestérol 64 mg

113

Vous êtes las du poulet rôti ?
Essayez cette version pour
changer et servez-la
accompagnée de légumes verts
cuits à la vapeur. N'oubliez
pas d'ôter la peau du poulet
si vous surveillez votre poids.

Valeur énergétique 2 525 kJ (603 cal)

Lipides 38,6 g

Graisses saturées 12,6 g

Protéines 45,7 g

Hydrates de carbone 19 g

Fibres 0,5 g

Cholestérol 245 mg

114

POULET RÔTI

1 poulet de 1,5 kg

2 cuil. à café d'huile de colza ou d'olive

**1 cuil. à soupe de sirop de sucre de canne
ou de miel**

1 gousse d'ail, hachée

80 g de chapelure fraîche sans gluten

**660 g de courge butternut finement
râpée**

FARCE

10 g de beurre

2 oignons verts, finement émincés

PRÉPARATION : 30 MINUTES

CUISSON : 1 H 30

POUR 4 PERSONNES

Préchauffer le four à 180 °C (th. 6). Huiler un plat à rôti. Pour préparer le poulet, retirer le cou, rincer la cavité à l'eau froide et sécher avec du papier absorbant.

Pour la farce, faire fondre le beurre dans une petite poêle à feu moyen, ajouter les oignons verts et l'ail, et cuire sans cesser de remuer jusqu'à ce qu'ils soient tendres. Mettre la chapelure et la courge dans une terrine, ajouter le mélange à base d'oignons verts, saler et poivrer. Farcir le poulet et trousser soigneusement.

Mettre l'huile et le sirop de sucre de canne dans une casserole, laisser mijoter jusqu'à ce que le mélange soit bien chaud et enduire le poulet. Saler et poivrer.

Mettre le poulet dans le plat à rôti et cuire 1 h 15 à 1 h 30 au four préchauffé, en arrosant toutes les 15 minutes. Couvrir de papier d'aluminium huilé si le poulet brunit trop vite. Le poulet doit rendre un jus clair lorsqu'il est piqué dans sa partie la plus tendre à l'aide d'une brochette. Laisser reposer 10 minutes, découper et servir.

CONSEILS :
- Pour préparer de la chapelure sans gluten, mettre des tranches de pain sans gluten dans un robot de cuisine et mixer – il faudra environ 3 tranches de pain sans la croûte.
- Pour varier la farce, remplacer la chapelure par du quinoa ou du sarrasin.
- Servir accompagné de pommes de terre et de légumes cuits à la vapeur.

115

PÂTES AUX TOMATES ET AUX OLIVES

LA SAUCE PROPOSÉE DANS CETTE RECETTE PEUT ACCOMPAGNER DES PÂTES AVEC OU SANS GLUTEN, CE QUI SIMPLIFIE LA PRÉPARATION D'UN REPAS POUR TOUTE LA FAMILLE. PENSEZ SEULEMENT À UTILISER DEUX CASSEROLES.

750 g de tomates mûres, finement hachées
1 petit oignon rouge, finement haché
2 gousses d'ail, finement hachées
110 g d'olives noires dénoyautées en saumure
3 cuil. à soupe de câpres, rincées, égouttées et hachées
1 cuil. à café d'origan séché
3 cuil. à soupe d'huile d'olive

1 cuil. à soupe de vinaigre de vin blanc
500 g de rigatonis sans gluten
300 g de haricots beurre en boîte, égouttés et rincés
1 poignée d'origan frais

PRÉPARATION : 15 MINUTES
+ 1 HEURE DE PAUSE
CUISSON : 10 MINUTES
POUR 4 PERSONNES

Mettre les tomates, l'oignon, l'ail, les olives, les câpres et l'origan séché dans une terrine, et mélanger. Battre l'huile avec le vinaigre, incorporer au mélange précédent, saler et poivrer. Couvrir et laisser mariner 1 heure, jusqu'à ce que les arômes se développent.

Pendant ce temps, cuire les pâtes 10 minutes à l'eau bouillante, égoutter et remettre dans la casserole. Incorporer le mélange précédent et les haricots beurre, répartir dans des assiettes et garnir d'origan frais.

CONSEILS :
• Toutes les formes de pâtes sans gluten peuvent être utilisées.
• Il est possible de remplacer les haricots beurre par des haricots de soja, des pois chiches ou des lentilles, en veillant à ce que ceux-ci ne contiennent pas de gluten.

Valeur énergétique 2 684 kJ (641 cal) ; lipides 15,7 g ; graisses saturées 2,4 g ; protéines 10,7 g ; hydrates de carbone 110,4 g ; fibres 7,9 g ; cholestérol 0 mg

HAMBURGERS

POURQUOI ABANDONNER LES PLAISIRS DU FAST-FOOD ? UN RÉGIME SANS GLUTEN NE DOIT PAS ÊTRE SYNONYME DE PRIVATIONS. LA VIANDE CONTENUE DANS UN HAMBURGER EST SOURCE DE FER, DE ZINC ET DE VITAMINES B12.

500 g de bœuf maigre haché

4 oignons verts, finement émincés

3 cuil. à soupe de ciboulette ciselée

1 gousse d'ail, hachée

1 œuf

25 g de riz soufflé sans gluten, pilé

huile de colza ou d'olive

12 tranches de pain sans gluten

40 g de beurre

½ tête de laitue, ciselée

chutney ou sauce tomate

(*voir* recettes de base)

PRÉPARATION : 30 MINUTES

CUISSON : 20 MINUTES

POUR 6 HAMBURGERS

Mettre le bœuf, les oignons verts, la ciboulette, l'ail, l'œuf, le riz soufflé et 3 cuillerées à soupe d'eau dans une terrine, saler et poivrer. Mélanger avec les mains et diviser en six. Façonner en boules et aplatir. Dans une poêle, chauffer l'huile à feu moyen, ajouter les galettes de viande et cuire 4 à 6 minutes de chaque côté, jusqu'à ce qu'elles soient dorées.

Prélever des ronds de la taille des galettes dans les tranches de pain à l'aide d'un grand emporte-pièce ou couper en carrés. Beurrer chaque morceau de pain et passer au gril face beurrée vers le haut, jusqu'à ce qu'il soit doré et croustillant.

Mettre une galette et une feuille de laitue entre deux morceaux de pain et servir accompagné de sauce tomate.

CONSEILS :
- Choisir du pain sans gluten qui grille bien et ne se détrempe pas trop vite. Il faudra peut-être procéder à plusieurs essais.
- Cette recette est parfaite pour les enfants qui sont friands de sandwichs. Pour varier la garniture, ajouter des carottes et des courgettes râpées à la viande en liant avec un peu d'œuf battu. Une tranche de fromage allégé peut être une bonne source de calcium.

Valeur énergétique 1 728 kJ (413 cal) ; lipides 13,3 g ; graisses saturées 6,5 g ; protéines 24,2 g ; hydrates de carbone 48,4 g ; fibres 1,5 g ; cholestérol 96 mg

AGNEAU À LA GRECQUE

400 g de filets d'agneau maigres
1 cuil. à café d'huile d'olive
1 gros oignon rouge, émincé
3 courgettes, finement émincées
200 g de tomates cerises, coupées en deux
3 gousses d'ail, hachées
60 g d'olives noires dénoyautées en
**   saumure, égouttées et coupées en deux**
2 cuil. à soupe de jus de citron
2 cuil. à soupe d'origan
100 g de feta allégée émiettée
4 cuil. à soupe de pignons, légèrement
**   grillés**

PRÉPARATION : 20 MINUTES
CUISSON : 10 MINUTES
POUR 4 PERSONNES

Parer la viande et couper en lamelles perpendiculairement au sens de la fibre. Chauffer une grande poêle, huiler et ajouter une partie de la viande. Cuire 1 à 2 minutes, jusqu'à ce qu'elle soit dorée, retirer de la poêle et répéter l'opération avec la viande restante.

Réchauffer l'huile restée dans la poêle, ajouter l'oignon et les courgettes, et cuire 2 minutes à feu vif sans cesser de remuer, jusqu'à ce qu'ils soient tendres. Ajouter les tomates cerises et l'ail, et cuire 1 à 2 minutes, jusqu'à ce que les tomates soient tendres. Remettre la viande dans la poêle et réchauffer le tout.

Retirer la poêle du feu, ajouter les olives, le jus de citron et l'origan, et bien mélanger. Parsemer de feta et de pignons juste avant de servir.

CONSEIL :
• Servir accompagné de mesclun et de pain sans gluten.

CE PLAT IMPRESSIONNERA VOTRE
FAMILLE ET VOS AMIS, MAIS NE LE
RÉSERVEZ PAS POUR AUTANT AUX
GRANDES OCCASIONS. VOUS
POURREZ ACCOMPAGNER CE PLAT
DE RIZ PLUTÔT QUE DE PAIN.

Valeur énergétique 1 892 kJ (451 cal)
Lipides 20 g
Graisses saturées 5,5 g
Protéines 34,6 g
Hydrates de carbone 31,1 g
Fibres 7,2 g
Cholestérol 78 mg

SAUTÉ DE NOUILLES AU CHOU ET AU PORC

SI VOUS MANQUEZ DE TEMPS ET QUE VOUS SURVEILLEZ VOTRE LIGNE, PENSEZ À PRÉPARER CE DÉLICIEUX PLAT – VEILLEZ À PRÉPARER LES INGRÉDIENTS AVANT LE DÉBUT DE LA CUISSON.

SAUCE
1½ cuil. à soupe de nuoc-mam
4 cuil. à soupe de tamari ou de sauce
   de soja
1½ cuil. à soupe de sucre de palme râpé
   ou de cassonade

375 g de nouilles de riz fines
2 cuil. à café d'huile de colza
   ou d'olive
1 oignon, finement haché
2 gousses d'ail, finement hachées

1 ou 2 piments rouges longs, épépinés
   et finement hachés
500 g de porc maigre haché
1 grosse carotte, pelée et râpée
1 courgette, râpée
225 g de chou finement ciselé
1 grosse poignée de feuilles
   de coriandre

PRÉPARATION : 15 MINUTES
CUISSON : 10 MINUTES
POUR 4 PERSONNES

Mettre les ingrédients de la sauce dans un bol et mélanger jusqu'à ce que le sucre soit dissous. Mettre les nouilles dans une terrine résistant à la chaleur, couvrir d'eau bouillante et laisser tremper 4 minutes, jusqu'à ce qu'elles soient tendres. Égoutter et couper en tronçons à l'aide de ciseaux de cuisine.

Dans un wok, chauffer l'huile, ajouter l'oignon, l'ail, le piment et la viande, et faire revenir 4 minutes, jusqu'à ce ce que la viande soit dorée et bien cuite, en brisant les morceaux à l'aide d'une cuillère en bois.

Incorporer la carotte, la courgette et le chou, et faire revenir encore 2 à 3 minutes, jusqu'à ce que les légumes soient *al dente*. Incorporer les nouilles, la sauce et la coriandre.

CONSEILS :
• Veiller à ce que le tamari et le nuoc-mam ne contiennent pas de gluten.
• Pour un plat plus épicé, ne pas épépiner les piments.

Valeur énergétique 2 309 kJ (552 cal) ; lipides 12,5 g ; graisses saturées 3,5 g ; protéines 35,3 g ; hydrates de carbone 71,7 g ; fibres 5,9 g ; cholestérol 75 mg

VIVANEAU AUX CHAMPIGNONS

CETTE RECETTE INSPIRÉE DE LA CUISINE ASIATIQUE FERA LE BONHEUR DES AMATEURS DE POISSON CAR ELLE PEUT SE PRÉPARER TOUTES LES TYPES DE POISSON. CHOISISSEZ VOTRE PRÉFÉRÉE.

2 cuil. à soupe de tamari ou de sauce de soja
1 cuil. à soupe d'huile de colza ou d'olive
zeste râpé et jus d'un citron
2 cuil. à soupe de vin de riz chinois ou de xérès sec
4 filets de vivaneau de 200 g chacun
1 cuil. à café d'huile de sésame

150 g de champignons shiitake frais, émincés
2 oignons verts, émincés

PRÉPARATION : 15 MINUTES
+ 4 HEURES DE MACÉRATION
CUISSON : 35 MINUTES
POUR 4 PERSONNES

Mélanger le tamari, l'huile, le zeste de citron, le jus de citron et le vin de riz. Mettre le poisson en une seule couche dans un plat en verre ou en céramique peu profond, arroser du mélange précédent et bien mélanger. Couvrir, mettre au réfrigérateur et laisser mariner 4 heures à une nuit, en retournant le poisson une ou deux fois.

Retirer le poisson du réfrigérateur et laisser revenir à température ambiante. Préchauffer le four à 180 °C (th. 6).

Dans une poêle, chauffer l'huile de sésame à feu moyen, ajouter les champignons et cuire 3 à 4 minutes sans cesser de remuer, jusqu'à ce qu'ils soient tendres. Ajouter les oignons verts, remuer et retirer la poêle du feu.

Ajouter le poisson, couvrir et cuire 25 à 30 minutes, jusqu'à ce que le poisson soit ferme et opaque.

CONSEILS :
• Veiller à ce que le tamari ne contienne pas de gluten.
• Le vin de riz chinois s'achète dans les épiceries asiatiques. À défaut, utiliser du xérès sec.
• Servir accompagné de riz ou de pâtes sans gluten et de mesclun.

Valeur énergétique 1 170 kJ (279 cal) ; lipides 8,1 g ; graisses saturées 1,8 g ; protéines 42,2 g ; hydrates de carbone 6 g ; fibres 1,1 g ; cholestérol 122 mg

CE PLAT COMBINE UN GRAND
NOMBRE DE FRUITS DE MER DANS
UN RISOTTO DÉLICIEUSEMENT
NOURRISSANT. IL EST SOURCE
DE PROTÉINES ET DE MINÉRAUX,
DONT LE FER, LE ZINC, L'IODE
ET LE SÉLÉNIUM.

Valeur énergétique 2 580 kJ (616 cal)
Lipides 5,8 g
Graisses saturées 1,4 g
Protéines 40,6 g
Hydrates de carbone 92,6 g
Fibres 1,3 g
Cholestérol 233 mg

RISOTTO DE FRUITS DE MER

12 moules noires

125 ml de vin blanc sec

1,5 l de fumet de poisson ou de bouillon
   de volaille (*voir* recettes de base)

1 petite pincée de stigmates de safran

2 cuil. à café d'huile d'olive

8 crevettes crues, décortiquées
   et déveinées, queues intactes

8 noix de Saint-Jacques, parées et corail
   intact

3 petits blancs de calmar, nettoyés
   et coupés en anneaux

1 oignon, finement haché

2 gousses d'ail, hachées

440 g de riz arborio

2 cuil. à soupe de persil plat haché

PRÉPARATION : 25 MINUTES

CUISSON : 45 MINUTES

POUR 4 PERSONNES

Gratter les moules et ébarber. Jeter les moules cassées ou celles qui ne se ferment pas au toucher. Mettre dans une casserole à fond épais, ajouter le vin et couvrir. Cuire 3 à 4 minutes à feu vif, jusqu'à ce que les moules soient ouvertes. Jeter les moules qui sont restées fermées, filtrer le liquide et réserver les moules.

Mettre le jus de cuisson des moules, le bouillon et le safran dans une casserole, couvrir et réserver à frémissement. Dans une poêle anti-adhésive, chauffer 1 cuillerée à café d'huile à feu moyen à vif, ajouter les crevettes et cuire jusqu'à ce qu'elles soient roses. Transférer sur une assiette, mettre les noix de Saint-Jacques et les calmars dans la poêle et cuire 1 à 2 minutes, jusqu'à ce qu'ils soient légèrement dorés. Retirer de la poêle et réserver avec les moules et les crevettes.

Dans une casserole à fond épais, chauffer l'huile restante, ajouter l'oignon et l'ail, et réduire le feu. Cuire 5 à 6 minutes, jusqu'à ce que l'oignon soit tendre et translucide, ajouter le riz et mélanger. Mouiller avec 125 ml de bouillon, faire revenir sans cesser de remuer à l'aide d'une cuillère en bois jusqu'à ce que le bouillon soit absorbé et répéter l'opération avec le bouillon restant. L'opération doit prendre environ 25 minutes. Incorporer les fruits de mer et le persil, saler et poivrer. Servir immédiatement.

CONSEILS :
- En cas d'utilisation de bouillon prêt à l'emploi, veiller à ce qu'il ne contienne pas de gluten.
- Servir accompagné de mesclun additionné de vinaigre balsamique.

SALADE DE POULET THAÏE

VOUS VOUS RÉGALEREZ AVEC CETTE SALADE AU COURS D'UNE LONGUE SOIRÉE D'ÉTÉ. LÉGER ET RAFRAÎCHISSANT, CE PLAT PEUT ÊTRE RELEVÉ D'UN PEU DE PIMENT.

100 g de vermicelle de riz sec
250 g de poulet haché
200 g de châtaignes d'eau en boîte,
   égouttées et hachées
2 cuil. à soupe de nuoc-mam
2 cuil. à soupe de jus de citron vert
1 tige de citronnelle, partie blanche
   seule, finement hachée

3 oignons verts, finement émincés
3 cuil. à soupe de basilic thaï haché
3 cuil. à soupe de menthe hachée

PRÉPARATION : 15 MINUTES
   + 10 MINUTES DE TREMPAGE
CUISSON : 5 MINUTES
POUR 4 PERSONNES

Mettre le vermicelle de riz dans une grande terrine, couvrir d'eau bouillante et laisser tremper 10 minutes, jusqu'à ce qu'il soit tendre. Égoutter et sécher.

Dans une poêle, mettre le poulet, les châtaignes d'eau, le nuoc-mam, le jus de citron vert, la citronnelle et 3 cuillerées à soupe d'eau, et cuire 5 minutes à feu moyen sans cesser de remuer, jusqu'à ce que le poulet soit cuit. Laisser refroidir, transférer dans une terrine et ajouter les oignons verts, le basilic, la menthe et le vermicelle. Bien mélanger et servir immédiatement.

CONSEILS :
• Toujours vérifier la composition de la sauce de poisson avant achat.
• Le basilic thaï se reconnaît à ses tiges et ses feuilles violettes. Il peut être remplacé par du basilic ordinaire.

Valeur énergétique 798 kJ (191 cal) ; lipides 5,2 g ; graisses saturées 1,4 g ; protéines 13,7 g ; hydrates de carbone 21 g ; fibres 1,8 g ; cholestérol 55 mg

AGNEAU ÉPICÉ AU DAL

CE PLAT EST UN VRAI PLAISIR À PRÉPARER – LES ÉPICES EMBAUMERONT
VOTRE CUISINE ET METTRONT TOUTE LA FAMILLE EN APPÉTIT.

3 cuil. à café de graines de cumin

1 cuil. à soupe de graines de coriandre

1 cuil. à café de garam masala

2 filets d'agneau de 250 g chacun

400 g de riz blanc long-grain

yaourt allégé nature, pour servir

DAL

200 g de lentilles rouges

¼ de cuil. à café de curcuma en poudre

750 ml de bouillon de volaille

2 cuil. à café de graines de moutarde brune

2 cuil. à café de cumin en poudre

1 oignon, finement haché

3 gousses d'ail, hachées

½ cuil. à café de flocons de piment

3 cuil. à soupe de feuilles de coriandre
hachées

PRÉPARATION : 20 MINUTES

+ 2 HEURES DE MACÉRATION

CUISSON : 1 HEURE

POUR 4 PERSONNES

Dans une petite poêle, faire griller à sec les graines de cumin et de coriandre avec
le garam masala 1 minute, jusqu'à ce que les arômes se développent. Moudre
grossièrement et enrober l'agneau. Couvrir et mettre 2 heures au réfrigérateur.

Mettre le riz et 1 litre d'eau dans une casserole, porter à ébullition à feu moyen et réduire
le feu. Couvrir et cuire 20 minutes, jusqu'à ce que le riz soit tendre. Retirer du feu et laisser
reposer 5 minutes sans ôter le couvercle.

Pour le dal, mettre les lentilles et le curcuma dans une casserole, couvrir de bouillon
et porter à ébullition à feu vif. Réduire le feu et laisser mijoter 20 minutes en remuant
de temps en temps, jusqu'à ce que les lentilles soient tendres.

Huiler une casserole anti-adhésive et chauffer à feu vif. Ajouter les graines de moutarde
et le cumin en poudre, et cuire 1 minute à feu vif, jusqu'à ce que les graines de moutarde
commencent à éclater. Ajouter l'oignon et cuire 2 à 3 minutes, jusqu'à ce qu'il soit tendre.
Ajouter l'ail et les flocons de piment, et faire revenir 30 secondes. Ajouter le mélange à base
de lentilles et la coriandre, réduire le feu et cuire encore 5 minutes sans cesser de remuer,
jusqu'à ce que la préparation ait épaissi et réduit. Réserver au chaud.

Huiler une poêle à fond rainuré et chauffer. Ajouter l'agneau et cuire 4 à 5 minutes de chaque
côté. Couvrir, laisser reposer 5 minutes et couper en lamelles de 1 cm d'épaisseur en biais.
Répartir le riz et le dal sur des assiettes, garnir d'agneau et servir accompagné de yaourt.

Valeur énergétique 3 030 kJ (724 cal) ; lipides 10,9 g ; graisses saturées 2,8 g ; protéines 48,8 g ;
hydrates de carbone 103,7 g ; fibres 9,8 g ; cholestérol 85 mg

Tourte au poulet

350 g de blancs de poulet, sans peau

30 g de beurre

1 poireau, lavé et finement émincé

1 branche de céleri, finement émincée

4 tranches de lard dégraissées, finement
émincées

2 cuil. à café de farine de maïs pure

185 ml de lait écrémé

1 jaune d'œuf

1 petite poignée de persil, haché

125 g de fromage allégé râpé

1 portion de pâte brisée sans gluten
(*voir* recettes de base)

Préparation : 30 minutes
+ 20 minutes de pause

Cuisson : 55 minutes

Pour 4 personnes

Pour la garniture, mettre le poulet dans une casserole, couvrir d'eau froide et porter lentement à ébullition. Laisser mijoter 2 minutes, éteindre le feu et couvrir. Laisser reposer 20 minutes.

Dans une poêle, faire fondre le beurre, ajouter le poireau, le céleri et le lard, et cuire 5 minutes à feu doux, jusqu'à ce que le poireau soit tendre. Délayer la farine de maïs pure dans un peu de lait, incorporer le lait restant et le jaune d'œuf, et ajouter dans la poêle. Chauffer 2 à 3 minutes à feu doux sans cesser de remuer, jusqu'à ce que la sauce épaississe, saler et poivrer.

Couper le poulet en très fines lanières et incorporer à la préparation à base de poireau. Transférer sur une assiette, laisser refroidir complètement et incorporer le persil. Préchauffer le four à 200 °C (th. 6-7).

Graisser un moule de 23 cm de diamètre, foncer avec la pâte brisée et égaliser les bords. Réserver les chutes.

Mettre le moule sur une plaque, chemiser la pâte de papier sulfurisé et garnir de haricots secs. Cuire 10 minutes au four, retirer les haricots et le papier sulfurisé, et cuire encore 10 à 15 minutes, jusqu'à ce que la pâte soit légèrement dorée. Combler les éventuelles fissures avec les chutes et cuire encore 2 minutes, jusqu'à ce que la pâte ait complètement pris. Laisser refroidir et réduire la température du four à 180 °C (th. 6).

Répartir la garniture dans le fond de tarte, parsemer de fromage et cuire 20 minutes au four préchauffé, jusqu'à ce que la garniture ait pris et soit dorée.

CONSEIL :
• Servir accompagné de mesclun ou de légumes cuits à la vapeur.

126

LES TOURTES SONT TOUJOURS
APPRÉCIÉES, SURTOUT EN HIVER.
CETTE RECETTE ACHÈVERA DE
CONVAINCRE LES PERSONNES
PRÉSENTANT UNE INTOLÉRANCE
AU DIABÈTE QU'ELLES NE SONT
PAS CONTRAINTES À LA PRIVATION.

Valeur énergétique 2 717 kJ (649 cal)
Lipides 31,8 g
Graisses saturées 19,2 g
Protéines 42,2 g
Hydrates de carbone 48,4 g
Fibres 1,8 g
Cholestérol 249 mg

127

SALADE DE NOUILLES AU BŒUF

RELEVEZ VOTRE MENU DE LA SEMAINE AVEC DE CE PLAT ASIATIQUE, TRÈS SIMPLE ET RAPIDE À PRÉPARER. LE MÉLANGE DE FINES HERBES APPORTE SAVEUR ET NUTRIMENTS.

SAUCE

2 cuil. à soupe de citronnelle finement hachée, partie blanche seule

1 petit piment rouge

3 cuil. à soupe de tamari ou de sauce de soja

3 cuil. à soupe de jus de citron vert

1 cuil. à soupe de nuoc-mam

1 cuil. à soupe de sucre de palme râpé ou de cassonade

1 cuil. à café de gingembre frais râpé

500 g de steaks de bœuf

200 g de vermicelle transparent

1 concombre libanais

1 petit oignon rouge

4 tomates roma mûres

1 cuil. à soupe de gingembre finement haché

90 g de germes de soja, éboutés

1 poignée de menthe, ciselée

1 poignée de basilic, ciselé

1 poignée de feuilles de coriandre

PRÉPARATION : 15 MINUTES
+ 15 MINUTES DE MACÉRATION

CUISSON : 10 MINUTES

POUR 4 PERSONNES

Écraser la citronnelle à l'aide d'un rouleau à pâtisserie. Épépiner et hacher le piment. Mettre les ingrédients de la sauce dans un mortier, piler et mélanger jusqu'à ce que le sucre soit dissous. Mettre 1 cuillerée à soupe du mélange obtenu dans un plat peu profond non métallique, ajouter la viande et bien mélanger. Laisser mariner 15 minutes et réserver la sauce restante.

Huiler une poêle, chauffer et ajouter les steaks. Cuire 2 à 3 minutes de chaque côté, retirer de la poêle et laisser reposer 5 minutes. Couper en fines lamelles.

Mettre les nouilles dans une grande terrine, couvrir d'eau bouillante et laisser tremper 4 minutes. Bien égoutter, rafraîchir à l'eau courante et couper en tronçons à l'aide de ciseaux de cuisine.

Couper le concombre en deux dans la longueur, puis en fines tranches en biais, et mettre dans un grand saladier. Détailler l'oignon et les tomates en fins quartiers et ajouter dans le saladier avec tous les autres ingrédients. Servir immédiatement.

Valeur énergétique 1 736 kJ (415 cal) ; lipides 8,9 g ; graisses saturées 3,5 g ; protéines 29,7 g ; hydrates de carbone 51,7 g ; fibres 3 g ; cholestérol 72 mg

SAUTÉ DE NOIX DE CREVETTES ET DE NOIX DE SAINT-JACQUES

CE PLAT EST SIMPLE ET RAPIDE À CUISINER — IL SUFFIT DE VEILLER À PRÉPARER TOUS LES INGRÉDIENTS AVANT DE LANCER LA CUISSON.

400 g de riz basmati, rincé et égoutté

2 cuil. à café de poudre de cinq épices

1 ou 2 petits piments rouges, épépinés et finement hachés

2 ou 3 gousses d'ail, hachées

2 cuil. à café d'huile de sésame

500 g de crevettes crues, décortiquées et déveinées, queues intactes

300 g de noix de Saint-Jacques, parées, corail intact

200 g d'asperges, éboutées et coupées en petits tronçons

150 g de pois mange-tout, éboutés

125 g de roquette, grossièrement hachée

2 cuil. à soupe de tamari ou de sauce de soja

2 cuil. à soupe de jus de citron

1 cuil. à soupe de mirin (vin de riz doux)

2 cuil. à café de miel

6 oignons verts, émincés

1 cuil. à soupe de coriandre hachée

1 cuil. à soupe de graines de sésame, grillées

PRÉPARATION : 30 MINUTES
+ 10 MINUTES DE MACÉRATION

CUISSON : 35 MINUTES

POUR 4 PERSONNES

Dans une casserole, mettre le riz et 1 litre d'eau, porter à ébullition à feu moyen et réduire le feu. Couvrir et cuire 20 minutes, jusqu'à ce que le riz soit tendre. Retirer du feu et laisser reposer 5 minutes sans ôter le couvercle.

Pendant ce temps, mettre la poudre de cinq épices, le piment, l'ail et l'huile de sésame dans une terrine métallique, ajouter les crevettes et les noix de Saint-Jacques, et mélanger. Couvrir de film alimentaire, mettre au réfrigérateur et laisser mariner 10 minutes.

Blanchir les asperges et les pois mange-tout, égoutter et plonger dans de l'eau glacée. Répartir sur les assiettes et ajouter la roquette. Mélanger le tamari, le jus de citron, le mirin et le miel.

Chauffer un wok à feu vif, ajouter les fruits de mer et les oignons verts, et faire revenir 3 à 4 minutes, jusqu'à ce qu'ils soient bien cuits. Retirer du wok et réserver. Mettre le mélange à base de tamari et la coriandre dans le wok, porter à ébullition et cuire 1 à 2 minutes à feu vif. Remettre les fruits de mer dans le wok, mélanger et répartir le tout sur les assiettes. Parsemer de graines de sésame et servir accompagné de riz.

Valeur énergétique 2 291 kJ (545 cal) ; lipides 5,8 g ; graisses saturées 0,8 g ; protéines 33,2 g ; hydrates de carbone 88,7 g ; fibres 4,7 g ; cholestérol 118 mg

DESSERTS

N'ESSAYEZ PAS DE RÉSISTER
À LA TENTATION DE CETTE TARTE.
IL VOUS FAUDRA PEUT-ÊTRE
PLUSIEURS TENTATIVES AVANT
DE MAÎTRISER LA PRÉPARATION
DE LA PÂTE CAR LA FARINE SANS
GLUTEN COMPLIQUE LÉGÈREMENT
LA TÂCHE.

Valeur énergétique 1 081 kJ (258 cal)

Lipides 10,1 g

Graisses saturées 6,3 g

Protéines 1,8 g

Hydrates de carbone 39,8 g

Fibres 1,7 g

Cholestérol 52 mg

TARTE AUX POMMES ET AUX FRUITS ROUGES

400 g de pommes, coupées en quartiers et cuites à la vapeur
3 cuil. à soupe de sucre en poudre
1 cuil. à café de zeste de citron râpé
1 cuil. à soupe de polenta
1 portion de pâte brisée sans gluten (*voir* recettes de base)
165 g de fruits rouges mélangés frais ou surgelés
sucre de canne roux

PRÉPARATION : 30 MINUTES
+ TEMPS DE REFROIDISSEMENT
CUISSON : 45 MINUTES
POUR 6 À 8 PERSONNES

Préchauffer le four à 200 °C (th. 6-7). Graisser un moule de 18 cm de diamètre. Mettre les pommes, le sucre en poudre, le zeste de citron et la polenta dans une jatte et mélanger.

Abaisser la pâte en un rond de 30 cm de diamètre entre deux feuilles de papier sulfurisé et foncer le moule en laissant retomber les bords de la pâte à l'extérieur du moule.

Incorporer les fruits rouges dans la jatte, répartir le tout dans le fond de tarte et rabattre les extrémités de la pâte vers le centre sur les fruits. Saupoudrer de sucre de canne roux.

Mettre le moule sur une plaque et cuire 35 à 45 minutes, jusqu'à ce que la pâte soit croustillante et légèrement dorée. Couvrir de papier d'aluminium si la pâte brunit trop vite. Servir chaud ou froid.

CONSEILS :
• Les personnes souffrant de diabète pourront remplacer le sucre par du sucralose (Splenda®)
• Servir la tarte avec de la crème glacée ou de la crème anglaise sans gluten.

RIZ AU LAIT ÉPICÉ AUX ABRICOTS

CE DESSERT CRÉMEUX EST IRRÉSISTIBLE. VOUS POURREZ AJOUTER QUELQUES AMANDES HACHÉES À LA PRÉPARATION POUR PLUS DE CROQUANT.

24 demi-abricots secs

750 ml de lait écrémé

110 g de riz arborio

1 gousse de vanille, fendue
dans la longueur

¼ de cuil. à café de noix muscade
moulue

1 pincée de cardamome en poudre

2 cuil. à café de sucre roux

165 g de sucre de canne blanc

2 bâtons de cannelle

2 cuil. à café de zeste d'orange râpé

3 cuil. à soupe de jus d'orange

PRÉPARATION : 10 MINUTES
+ 30 MINUTES DE TREMPAGE

CUISSON : 50 MINUTES

POUR 4 À 6 PERSONNES

Mettre les abricots dans une jatte résistant à la chaleur, couvrir d'eau bouillante et laisser tremper 30 minutes, jusqu'à ce qu'ils soient tendres.

Verser le lait dans une casserole, ajouter le riz, la gousse de vanille, la noix muscade et la cardamome, et porter à ébullition. Réduire le feu et cuire 25 minutes à feu doux, jusqu'à ce que le riz soit tendre et crémeux, et qu'il ait absorbé la plupart du lait. Retirer du feu.

Retirer la gousse de vanille et gratter les graines avec la pointe d'un couteau, ajouter au riz et incorporer le sucre roux.

Mettre le sucre de canne blanc, les bâtons de cannelle, le zeste d'orange et le jus d'orange dans une casserole, ajouter 625 ml d'eau et porter à ébullition. Réduire le feu et laisser mijoter 10 minutes. Égoutter les abricots secs, ajouter dans la casserole et porter de nouveau à ébullition. Réduire le feu au minimum et laisser mijoter 5 minutes, jusqu'à ce que les abricots soient tendres. Retirer les abricots de la casserole à l'aide d'une écumoire, porter la sauce de nouveau à ébullition et laisser bouillir jusqu'à ce qu'elle ait réduit de moitié. Retirer la casserole du feu, laisser tiédir et napper les abricots et le riz au lait.

CONSEILS :
• En cas d'intolérance aux produits laitiers, remplacer le lait par du lait de riz ou du lait de soja sans gluten.
• En cas de diabète, il est possible de réduire l'indice glycémique en remplaçant le riz arborio par du riz doongara, et le sucre par du sucralose (Splenda®).

Valeur énergétique 1 079 kJ (257 cal) ; lipides 0,3 g ; graisses saturées 0,2 g ; protéines 6,6 g ; hydrates de carbone 57,9 g ; fibres 1,6 g ; cholestérol 4 mg

COMPOTE DE POMMES À LA NEIGE

CE DESSERT LÉGER ET RAFRAÎCHISSANT EST À FAIBLE INDICE GLYCÉMIQUE ET PAUVRE EN CALORIES. IL EST TOUT INDIQUÉ SI VOUS SOUFFREZ DE DIABÈTE OU QUE VOUS PRÉSENTEZ UNE INTOLÉRANCE AUX PRODUITS LAITIERS.

**4 pommes vertes, pelées, évidées
et hachées
1 cuil. à café de sucre
½ cuil. à café de cannelle en poudre
2 cuil. à café de gélatine en poudre
3 blancs d'œufs**

PRÉPARATION : 10 MINUTES
+ 30 MINUTES RÉFRIGÉRATION
CUISSON : 10 MINUTES
POUR 4 PERSONNES

Mettre les pommes hachées, le sucre, la cannelle et 3 cuillerées à soupe d'eau dans une casserole, couvrir et laisser mijoter 8 minutes, jusqu'à ce que les pommes soient tendres. Réduire en purée.

Verser 1 cuillerée à soupe d'eau dans un bol, saupoudrer de gélatine et laisser reposer jusqu'à ce que celle-ci soit mousseuse. Placer le bol sur une casserole d'eau frémissante de sorte que le bol soit immergé à demi, retirer la casserole du feu et remuer jusqu'à ce que la gélatine soit dissoute. Incorporer à la purée de pommes.

Monter les blancs d'œufs en neige ferme, incorporer à la purée chaude (la chaleur cuira légèrement les blancs) et répartir le tout dans des coupes à dessert. Mettre 30 minutes au réfrigérateur.

CONSEIL :
• Ce dessert possède un indice glycémique faible, mais il faudra toutefois préférer le sucralose (Splenda®) au sucre en cas de diabète.

Valeur énergétique 382 kJ (91 cal) ; lipides 0,2 g ; graisses saturées 0 g ; protéines 4,5 g ; hydrates de carbone 18,8 g ; fibres 3 g ; cholestérol 0 mg

PARFAIT ÀUX FRAMBOISES ET AUX FRAISES

85 g de poudre pour gelée à la fraise
250 g de fraises, équeutées
500 g de crème glacée allégée
    à la vanille
125 g de framboises

PRÉPARATION : 10 MINUTES
+ 1 HEURE DE RÉFRIGÉRATION
CUISSON : AUCUNE
POUR 6 PERSONNES

Mettre la poudre pour gelée dans une jatte, ajouter 250 ml d'eau bouillante et remuer jusqu'à ce que la poudre soit dissoute. Ajouter 250 ml d'eau froide et mettre 1 heure au réfrigérateur, jusqu'à ce que la gelée ait pris.

Mixer les fraises 15 minutes dans un robot de cuisine jusqu'à obtention d'une consistance homogène.

Répartir la gelée dans 6 coupes à dessert, ajouter la purée de fraises et la crème glacée, et garnir de framboises. Servir immédiatement.

CONSEILS :
• Si les framboises ne sont pas de saison, utiliser des framboises surgelées.
• Ce dessert à faible indice glycémique convient aux personnes souffrant de diabète.
• En cas d'intolérance aux produits laitiers, utiliser une crème dessert au soja ou autre équivalent ne contenant pas de lait.

Petits et grands apprécieront ce dessert original, très simple à préparer. Les fruits rouges apportent couleurs et saveurs, et sont riches en fibres et en antioxydants.

Valeur énergétique 701 kJ (167 cal)
Lipides 2,7 g
Graisses saturées 1,7 g
Protéines 18,1 g
Hydrates de carbone 18 g
Fibres 1,8 g
Cholestérol 8 mg

PÊCHES À LA RICOTTA

UN DESSERT NE DOIT PAS OBLIGATOIREMENT ÊTRE RICHE POUR ÊTRE
DÉLICIEUX ! POURQUOI NE PAS PROFITER DE CETTE RECETTE POUR
CONSOMMER PLUS DE FRUITS ?

4 grosses pêches, non pelées
500 ml de jus de pomme non sucré
1 cuil. à soupe de sucre en poudre
2 cuil. à café de jus de citron
3 cuil. à soupe d'amandes effilées,
légèrement grillées

1 cuil. à café d'extrait naturel de vanille
1 cuil. à café de zeste de citron râpé

PRÉPARATION : 20 MINUTES
CUISSON : 10 MINUTES
POUR 4 PERSONNES

CRÈME À LA RICOTTA
200 g de ricotta allégée
1 cuil. à café de sucre en poudre

Couper les pêches en deux et ôter le noyau. Dans une casserole, chauffer le jus de pomme à feu moyen, ajouter le sucre et le jus de citron, et remuer jusqu'à ce que le sucre soit dissous. Ajouter les demi-pêches, couvrir et pocher 5 à 8 minutes à feu doux, jusqu'à ce qu'elles soient tendres. Retirer de la casserole à l'aide d'une écumoire, retirer la peau et laisser refroidir. Réserver le jus de cuisson.

Pour la crème à la ricotta, mettre la ricotta, le sucre, l'extrait de vanille et le zeste de citron dans une jatte et battre à l'aide d'un batteur électrique jusqu'à obtention d'une consistance homogène. Couvrir de film alimentaire et mettre au réfrigérateur jusqu'à ce que la crème soit ferme.

Servir les pêches arrosées de jus de cuisson, garnies de crème à la ricotta et parsemées d'amandes.

CONSEILS :
• Les pêches peuvent être remplacées par des nectarines.
• Si ce n'est pas la saison des pêches, utiliser 825 g de pêches au naturel en boîte, égouttées en réservant un peu de jus pour servir.
• Les personnes souffrant de diabète pourront remplacer le sucre par du sucralose (Splenda®).

Valeur énergétique 934 kJ (223 cal) ; lipides 7,7 g ; graisses saturées 3 g ; protéines 8,3 g ; hydrates de carbone 29,2 g ; fibres 3,5 g ; cholestérol 21 mg

SORBET AUX FRUITS DE LA PASSION

UN SORBET EST TOUJOURS APPRÉCIÉ EN FIN DE REPAS, SURTOUT SI CELUI-CI ÉTAIT NOURRISSANT. BIEN MOINS CALORIQUE QU'UNE CRÈME GLACÉE, UN SORBET EST OPTION SAINE ET ÉQUILIBRÉE.

**400 g de quartiers de pêches au naturel
 en boîte**
400 g de demi-poires au naturel en boîte
3 cuil. à soupe de sucre en poudre
**4 cuil. à soupe de pulpe de fruits
 de la passion frais**
1 cuil. à soupe de jus de citron

2 blancs d'œufs
fruits frais, pour servir

PRÉPARATION : 15 MINUTES
 + TEMPS DE CONGÉLATION
CUISSON : AUCUNE
POUR 6 PERSONNES

Égoutter les pêches et les poires en réservant le jus. Dans une petite casserole, verser le jus réservé, ajouter le sucre et chauffer 2 minutes sans cesser de remuer, jusqu'à ce que le sucre soit dissous. Laisser refroidir.

Filtrer la pulpe de fruits de la passion en réservant les graines. Dans un robot de cuisine, verser le jus des fruits de la passion filtré, ajouter les fruits égouttés, le jus de citron et la préparation précédente, et mixer le tout jusqu'à obtention d'une consistance homogène. Incorporer les graines de fruits de la passion.

Verser la préparation obtenue dans un moule adapté à la congélation de 27 x 17 cm et mettre au congélateur 3 heures en battant de temps en temps à l'aide d'une fourchette, jusqu'à obtention d'une consistance de granité. Transférer dans une jatte et battre à l'aide d'un batteur électrique de sorte que la préparation soit souple.

Monter les blancs d'œufs en neige ferme, incorporer à la préparation sans trop remuer et transférer dans un moule d'une contenance de 1,5 l. Couvrir de film alimentaire et mettre au congélateur jusqu'à ce que la préparation soit ferme. Mettre le sorbet au réfrigérateur 15 minutes avant de servir, accompagné de fruits frais.

CONSEILS :
• Les personnes souffrant de diabète peuvent remplacer le sucre par du sucralose (Splenda®). Choisir des fruits à faible indice glycémique tels que les fruits de la passion, les fruits rouges ou les fruits à noyaux.
• Il faudra 3 ou 4 fruits de la passion pour obtenir la quantité de pulpe nécessaire.

Valeur énergétique 320 kJ (76 cal) ; lipides 0,05 g ; graisses saturées 0 g ; protéines 2,4 g ; hydrates de carbone 16,3 g ; fibres 4 g ; cholestérol 0 mg

139

POUR RÉCHAUFFER UNE
LONGUE SOIRÉE D'HIVER,
GOÛTEZ À LA VERSION SANS
GLUTEN DE CETTE SPÉCIALITÉ
ANGLAISE.

Valeur énergétique 1 708 kJ (408 cal)
Lipides 11,1 g
Graisses saturées 6,5 g
Protéines 4,8 g
Hydrates de carbone 72,8 g
Fibres 1,9 g
Cholestérol 61 mg

PUDDING AU CARAMEL

190 g de farine sans gluten
1 cuil. à café de levure sans gluten
80 g de cassonade
170 ml de lait
60 g de beurre doux, fondu,
refroidi
1 œuf
1 cuil. à soupe de sirop de sucre de canne,
de sirop d'érable ou de miel

165 g de cassonade supplémentaire
2 cuil. à soupe de sirop de sucre
de canne, de sirop d'érable ou de miel
supplémentaires

PRÉPARATION : 20 MINUTES
CUISSON : 45 MINUTES
POUR 4 À 6 PERSONNES

Préchauffer le four à 170 °C (th. 5-6). Graisser un moule d'une contenance de 1,25 l.

Dans une jatte, tamiser la farine et la levure, ajouter le sucre et creuser un puits au centre. Battre le lait avec le beurre, l'œuf et le sirop de sucre de canne, verser le tout dans le puits et mélanger jusqu'à obtention d'une consistance homogène. Transférer dans le moule et disposer le moule sur une plaque.

Saupoudrer la pâte de la cassonade supplémentaire. Délayer le sirop de sucre de canne supplémentaire dans 420 ml d'eau bouillante et verser délicatement sur la pâte sucrée. Cuire 35 à 45 minutes au four préchauffé, jusqu'à ce qu'une brochette piquée au centre ressorte sans trace de pâte.

Laisser reposer 5 à 10 minutes, jusqu'à ce que la sauce épaississe, et servir.

CONSEIL :
• Pour supprimer les produits laitiers, remplacer le lait par du lait de riz et le beurre par de la margarine végétale.

141

PUDDING AU CHOCOLAT ET SA SAUCE AU CHOCOLAT

CETTE RECETTE, INSPIRÉE DU TRADITIONNEL DESSERT ANGLAIS, EST TOTALEMENT IRRÉSISTIBLE !

150 g de farine levante sans gluten contenant de la farine de soja
1 cuil. à café de levure sans gluten
80 g de cassonade
125 ml de lait
2 cuil. à soupe de cacao pur non sucré en poudre
60 g de beurre doux, fondu, refroidi
1 œuf, légèrement battu

165 g de cassonade, supplémentaire
2 cuil. à soupe de cacao pur non sucré en poudre supplémentaires

PRÉPARATION : 20 MINUTES
CUISSON : 45 MINUTES
POUR 4 À 6 PERSONNES

Préchauffer le four à 170 °C (th. 6-7). Graisser un moule d'une contenance de 1,25 l.

Dans une jatte, tamiser la farine et la levure, ajouter le sucre et creuser un puits au centre. Battre le lait avec le cacao, ajouter le beurre et l'œuf, et battre jusqu'à obtention d'une consistance homogène. Verser dans le puits, mélanger de façon à obtenir une pâte souple et répartir dans le moule. Placer le moule sur une plaque.

Saupoudrer la pâte de la cassonade supplémentaire. Délayer le cacao dans 375 ml d'eau bouillante et verser délicatement sur la pâte. Cuire 35 à 45 minutes au four préchauffé, jusqu'à ce qu'une brochette piquée au centre ressorte sans trace de pâte. Servir immédiatement.

CONSEILS :
• La farine utilisée ici doit contenir de la farine de soja. La réaction de la farine de soja à la cuisson est très similaire à celle de la farine ordinaire, ce qui est conseillé pour cette recette.
• En cas d'intolérance aux produits laitiers, remplacer le lait par 160 ml de lait de riz ou de lait de soja sans gluten. Utiliser de la margarine végétale.

Valeur énergétique 1571 kJ (375 cal) ; lipides 10,5 g ; graisses saturées 2,8 g ; protéines 5,7 g ; hydrates de carbone 64,4 g ; fibres 2,1 g ; cholestérol 35 mg

PUDDING DE SAGOU AUX POMMES

LE SAGOU EST UN INGRÉDIENT DÉLICIEUX QUI PEUT AJOUTER DE LA VARIÉTÉ À VOTRE RÉGIME ALIMENTAIRE. PETITS ET GRANDS SE RÉGALERONT DE CE DESSERT GOURMAND.

4 cuil. à soupe de sucre en poudre

100 g de sagou (fécule alimentaire)

600 ml de lait

4 cuil. à soupe de raisins secs

1 extrait naturel de vanille

1 pincée de noix muscade moulue

¼ de cuil. à café de cannelle en poudre

2 œufs, légèrement battus

3 petites pommes mûres (environ 250 g), pelées, évidées et très finement émincées

1 cuil. à soupe de cassonade

PRÉPARATION : 15 MINUTES

CUISSON : 50 MINUTES

POUR 4 PERSONNES

Préchauffer le four à 180 °C (th. 6). Graisser un moule à soufflé d'une contenance de 1,5 l. Mettre le sucre, le sagou, le lait et les raisins secs dans une casserole, porter à ébullition sans cesser de remuer et réduire le feu. Laisser mijoter encore 5 minutes.

Incorporer l'extrait de vanille, la noix muscade, la cannelle, les œufs et les pommes, répartir le tout dans le moule et saupoudrer de cassonade. Cuire 45 minutes au four préchauffé, jusqu'à ce que le pudding soit doré.

CONSEIL :
• Le sagou est une fécule alimentaire provenant du tronc du sagoutier râpé. Très utilisé dans le sud du Pacifique, il sert à épaissir les soupes et à confectionner gâteaux et autres desserts. Son indice glycémique n'est pas encore déterminé.

Valeur énergétique 1 621 kJ (387 cal) ; lipides 8,7 g ; graisses saturées 4,7 g ; protéines 8,9 g ; hydrates de carbone 68,5 g ; fibres 2,3 g ; cholestérol 114 mg

POMMES AU FOUR

4 pommes à cuire

80 g de cassonade

1½ cuil. à soupe de raisins secs hachés

**½ cuil. à café de cannelle en poudre
  (facultatif)**

20 g de beurre doux

**yaourt nature allégé ou crème à la ricotta
  (*voir* page 138), pour servir**

PRÉPARATION : 10 MINUTES

CUISSON : 35 MINUTES

POUR 4 PERSONNES

Préchauffer le four à 220 °C (th. 7-8). Évider chaque pomme et retirer la peau
à la circonférence.

Mélanger le sucre, les raisins secs et la cannelle. Mettre chaque pomme sur un morceau
de papier d'aluminium, farcir du mélange précédent et garnir d'une noix de beurre.
Envelopper les pommes de façon hermétique et cuire 35 minutes au four préchauffé,
jusqu'à ce qu'elles soient cuites. Servir accompagné de yaourt nature ou de crème
à la ricotta.

CONSEILS :
- Utiliser des pommes de même taille de sorte qu'elles nécessitent le même temps
  de cuisson. Les pommes peuvent également être cuites au barbecue.
- En cas d'utilisation de yaourt aromatisé, vérifier que celui-ci ne contienne pas
  de gluten.
- Pour plus de gourmandise, servir ces pommes accompagnées de crème glacée sans
  gluten.

CE DESSERT SIMPLE ET
ÉQUILIBRÉ EST RICHE EN FIBRES.
VOUS DEVREZ PEUT-ÊTRE ÔTER
LA PEAU DES POMMES AVANT
DE LES SERVIR À DES JEUNES
ENFANTS.

Valeur énergétique 859 kJ (205 cal)
Lipides 4,4 g
Graisses saturées 2,7 g
Protéines 0,7 g
Hydrates de carbone 40,8 g
Fibres 3,5 g
Cholestérol 13 mg

145

CRÊPES ET LEUR SAUCE AU CAFÉ

VOUS POUVEZ ACCOMMODER CES CRÊPES DE LA FAÇON QUI VOUS CONVIENT LE MIEUX, COMME DE LA CONFITURE, DU JUS DE CITRON, DU SUCRE OU DE LA PÂTE À TARTINER AU CHOCOLAT SANS GLUTEN.

SAUCE AU CAFÉ

2 cuil. à soupe de sirop de sucre de canne, de sirop d'érable ou de miel
3 cuil. à café de café instantané
2 cuil. à soupe de farine de maïs pure
235 g de cassonade

CRÊPES

190 g de farine sans gluten
2 cuil. à café de levure sans gluten
1 œuf
2 cuil. à soupe d'huile de colza

PRÉPARATION : 35 MINUTES
CUISSON : 25 MINUTES
POUR 10 CRÊPES

Pour la sauce, mettre le sirop, le café, la farine et la cassonade dans une poêle, ajouter 250 ml d'eau et mélanger. Porter à ébullition à feu moyen sans cesser de remuer de sorte que la préparation épaississe, réduire le feu et laisser mijoter 2 à 3 minutes. Réserver.

Pour les crêpes, tamiser la farine et la levure dans une jatte, ajouter progressivement l'œuf, 1 cuillerée à soupe d'huile et 310 ml d'eau, et mélanger jusqu'à obtention d'une pâte homogène et fluide en ajoutant de l'eau si nécessaire. Filtrer et transférer dans un pichet.

Huiler une poêle de 20 cm de diamètre, chauffer à feu moyen et verser assez de pâte pour couvrir le fond de la poêle. Cuire jusqu'à ce que la surface commence à prendre, retourner à l'aide d'une spatule et cuire l'autre côté. Transférer sur une assiette et répéter l'opération avec la pâte restante en huilant la poêle après la confection de chaque crêpe. Plier les crêpes en quatre.

Réchauffer la sauce à feu doux, ajouter les crêpes dans la poêle et laisser mijoter jusqu'à ce que les crêpes soient chaudes. Répartir les crêpes dans les assiettes et napper de sauce.

CONSEIL :
• Les personnes souffrant de diabète devront veiller à utiliser du sirop d'érable pur, à faible indice glycémique.

(avec la sauce) Valeur énergétique 933 kJ (223 cal) ; lipides 4,3 g ; graisses saturées 0,4 g ; protéines 1,1 g ; hydrates de carbone 45,7 g ; fibres 0,4 g ; cholestérol 19 mg

POIRES POCHÉES AU SIROP À LA VANILLE ET AU CITRON

CES POIRES PEUVENT ÊTRE DÉGUSTÉES CHAUDES OU FROIDES, ET CONSTITUENT UN DESSERT ÉQUILIBRÉ ET ASSEZ DISTINGUÉ POUR CLORE UN REPAS DE FÊTE.

170 g de sucre en poudre

1 gousse de vanille, fendue dans la longueur et grattée

1 lanière de zeste de citron

1½ cuil. à café de feuilles de thé à la citronnelle

4 grosses poires fermes, pelées, avec la queue intacte

4 cuil. à soupe de yaourt allégé nature

PRÉPARATION : 15 MINUTES

CUISSON : 50 MINUTES

POUR 4 PERSONNES

Mettre le sucre, la gousse de vanille et le zeste de citron dans une grande casserole et ajouter 500 ml d'eau. Enfermer les feuilles de thé à la citronnelle dans un carré de mousseline, ajouter dans la casserole et chauffer à feu doux en remuant de temps en temps, jusqu'à ce que le sucre soit dissous.

Porter à ébullition, réduire le feu et ajouter les poires en les plaçant à l'horizontale. Couvrir et laisser mijoter 30 minutes en retournant les poires de temps en temps, jusqu'à ce qu'elles soient tendres.

Retirer les poires de la casserole à l'aide d'une écumoire et laisser refroidir. Pendant ce temps, augmenter le feu et laisser mijoter 8 à 10 minutes, jusqu'à ce que la sauce ait légèrement épaissi et réduit de moitié. Retirer la gousse de vanille, le zeste de citron et la mousseline, et arroser les poires de sirop. Servir accompagné de yaourt.

CONSEILS :
- Les personnes souffrant de diabète pourront remplacer le sucre par du sucralose (Splenda®).
- Le thé à la citronnelle doit être placé dans une mousseline car il est trop fin pour être filtré en fin de cuisson.
- Pour utiliser du yaourt aromatisé, il faudra en vérifier la composition.

Valeur énergétique 1227 kJ (293 cal) ; lipides 0,2 g ; graisses saturées 0,02 g ; protéines 1,8 g ; hydrates de carbone 72 g ; fibres 3,7 g ; cholestérol 1 mg

CETTE SALADE DE FRUITS
EXOTIQUE EST RAFRAÎCHISSANTE
ET SOURCE DE FIBRES, DE
VITAMINES C, DE POTASSIUM
ET D'AUTRES ANTIOXYDANTS.
VOUS POURREZ VOUS RÉGALER
LA CONSCIENCE TRANQUILLE.

Valeur énergétique 936 kJ (224 cal)
Lipides 0,8 g
Graisses saturées 0,01 g
Protéines 3,4 g
Hydrates de carbone 47,8 g
Fibres 7,2 g
Cholestérol 0 g

SALADE DE FRUITS AU GINGEMBRE ET À LA CITRONNELLE

3 cuil. à soupe de sucre en poudre

2 morceaux de gingembre frais, finement émincés

1 tige de citronnelle, écrasée et coupée en deux

pulpe d'un gros fruit de la passion

1 papaye rouge

½ melon d'Espagne

1 grosse mangue

1 petit ananas

12 litchis

1 poignée de menthe, ciselée, pour servir

PRÉPARATION : 20 MINUTES

CUISSON : 10 MINUTES

POUR 4 PERSONNES

Mettre le sucre, le gingembre et la citronnelle dans une petite casserole, ajouter 125 ml d'eau et chauffer à feu doux sans cesser de remuer jusqu'à ce que le sucre soit dissous. Porter à ébullition et laisser bouillir 5 minutes, jusqu'à ce que le tout ait réduit à l'équivalent de 4 cuillerées à soupe. Laisser refroidir, filtrer et incorporer la pulpe du fruit de la passion.

Peler la papaye et le melon, épépiner et couper en cubes de 4 cm. Peler la mangue et couper la chair en cubes. Peler l'ananas, retirer le cœur et couper la chair en cubes. Peler les litchis, inciser la chair et retirer les noyaux.

Mettre les fruits dans un saladier et incorporer la sauce ou servir séparément. Garnir de menthe ciselée.

CONSEIL :
• Pour augmenter sa consommation de calcium, garnir de yaourt nature allégé.

PÂTISSERIE

PAIN AUX NOIX

3 œufs, légèrement battus

3 cuil. à soupe d'huile de colza ou d'olive

500 g de farine sans gluten contenant
de la farine de soja

1 cuil. à café de cassonade

2 cuil. à café de levure sèche

½ cuil. à café de sel

¼ de cuil. à café d'acide tartrique

1 cuil. à soupe de graines de tournesol

1 cuil. à soupe de graines de pavot

85 g de noix hachées

huile de colza ou d'olive supplémentaires

graines mélangées, pour parsemer

PRÉPARATION : 30 MINUTES
+ 50 MINUTES DE REPOS

CUISSON : 45 MINUTES

POUR 8 À 10 PERSONNES

Préchauffer le four à 200 °C (th. 6-7). Graisser un moule de 23 cm de diamètre et chemiser le fond de papier sulfurisé.

Battre les œufs avec l'huile et 500 ml d'eau chaude. Mettre la farine, le sucre, la levure, le sel et l'acide tartrique dans une jatte, battre 20 secondes à l'aide d'un batteur électrique à vitesse réduite et incorporer progressivement le mélange à base d'œufs sans cesser de battre. Battre encore 5 minutes de façon à obtenir une pâte fluide et homogène. Incorporer les graines et les noix.

Répartir la préparation obtenue dans le moule, couvrir de film alimentaire graissé et laisser lever 50 minutes près d'une source de chaleur de sorte que la pâte atteigne le sommet du moule. Huiler le sommet de la pâte, parsemer de graines et cuire 45 minutes au four préchauffé, jusqu'à ce que le pain soit doré.

Laisser tiédir 10 minutes, démouler sur une grille et laisser refroidir complètement. Couper en tranches et servir.

CONSEILS :
- Pour faire du pain, utiliser une farine comprenant de la farine de soja car celle-ci réagit à la cuisson comme la farine ordinaire.
- La levure sans gluten doit être conservée au congélateur.
- Le pain sans gluten peut s'affaisser à la sortie du four si la cuisine est trop humide ou que le pain a été laissé trop longtemps à lever. Si la pâte ne lève pas correctement avant la cuisson, répéter l'opération en ajoutant 1 cuillerée à café de vinaigre ou une pincée d'acide citrique au mélange à base de levure.
- Conserver le pain 5 jours dans un récipient hermétique au réfrigérateur.

Le plaisir de déguster du bon pain vous manque ? Cette recette est faite pour vous ! Les graines et les noix offrent de nombreux minéraux.

Valeur énergétique 1 193 kJ (284 cal)

Lipides 14,8 g

Graisses saturées 1,7 g

Protéines 4,4 g

Hydrates de carbone 33,1 g

Fibres 2 g

Cholestérol 56 mg

PAIN BLANC

QUOI DE PLUS APPÉTISSANT QUE L'ODEUR DU PAIN VENANT DE SORTIR DU FOUR ? VOUS POUVEZ AUGMENTER LE TAUX DE FIBRES EN INCORPORANT DU SON DE RIZ.

500 ml de lait
4 cuil. à café de levure sèche
1 cuil. à soupe de sucre
550 g de farine sans gluten
2 cuil. à café de sel
4 cuil. à soupe d'huile de colza ou d'olive
1 œuf

2 cuil. à soupe de sarrasin grillé
2 cuil. à soupe d'huile de colza ou d'olive
  supplémentaires

PRÉPARATION : 40 MINUTES
CUISSON : 55 MINUTES
POUR 8 À 10 PERSONNES

Préchauffer le four à 220 °C (th. 6-7). Graisser un moule à cake de 20 x 14 cm.

Verser le lait dans une casserole, porter à frémissement à feu moyen et retirer du feu. Laisser tiédir.

Mettre la levure, le sucre et le lait tiède dans une jatte, mélanger jusqu'à ce que la levure soit dissoute et laisser reposer 10 minutes près d'une source de chaleur jusqu'à ce que le mélange soit mousseux.

Tamiser la farine dans une autre jatte, ajouter le sel et creuser un puits au centre. Verser le mélange à base de levure, l'huile et l'œuf dans le puits, battre à l'aide d'une cuillère en bois et répartir la préparation obtenue dans le moule. Parsemer de sarrasin grillé, couvrir et laisser lever 20 minutes près d'une source de chaleur, jusqu'à ce que la pâte ait atteint le sommet du moule.

Cuire 20 minutes au four préchauffé, réduire la température du four à 200 °C (th. 6-7) et cuire encore 30 à 35 minutes, jusqu'à ce que le pain soit cuit. Huiler plusieurs fois en cours de cuisson.

CONSEILS :
• Conserver la levure sans gluten au congélateur.
• Un mélange de différentes farines sans gluten est plus adapté à ce genre de recette.
• Pour inclure plus de fibres à la recette, ajouter 40 g de son de riz à la farine.
• Le pain fait maison est meilleur consommé le jour-même. À défaut, couper en tranches et réserver au congélateur.

Valeur énergétique 1 495 kJ (357 cal) ; lipides 13,8 g ; graisses saturées 2,6 g ; protéines 3,5 g ; hydrates de carbone 53,6 g ; fibres 1,2 g ; cholestérol 25 mg

PETITS PAINS SALÉS

Ces petits pains sont parfaits pour les enfants ou les adolescents qui doivent suivre un régime sans gluten et qui sont friands d'en-cas salés.

80 g de farine de riz brun

55 g d'arrow-root

¾ de cuil. à café de bicarbonate

1½ cuil. à café de crème de tartre

100 g de son de riz

250 ml de bouillon de volaille ou d'eau

3 cuil. à soupe d'huile de colza ou d'olive

huile de colza ou d'olive supplémentaire

1 cuil. à soupe de sel

1 cuil. à soupe de graines de pavot

PRÉPARATION : 20 MINUTES

CUISSON : 40 MINUTES

POUR 6 À 8 PETITS PAINS

Préchauffer le four à 190 °C (th. 6-7). Graisser deux plaques de four.

Tamiser la farine, l'arrow-root, le bicarbonate et la crème de tartre dans une grande jatte, ajouter le son de riz et creuser un puits au centre. Verser le bouillon et l'huile dans le puits et battre à l'aide d'une cuillère en bois jusqu'à obtention d'une consistance homogène.

Répartir des cuillerées à soupe de pâte sur les plaques de four.

Cuire 20 minutes au four préchauffé et retirer du four. Huiler les petits pains, saupoudrer de sel et garnir de graines de pavot. Remettre au four et cuire encore 15 à 20 minutes.

CONSEILS :
- De nombreux bouillons prêts à l'emploi contiennent du gluten. Toujours en vérifier la composition avant achat.
- Ces petits pains peuvent être coupés en deux et farcis. Ils ne se congèlent pas bien mais peuvent être conservés 2 à 3 jours au réfrigérateur.

Valeur énergétique 806 kJ (193 cal) ; lipides 11,5 g ; graisses saturées 1,4 g ; protéines 3,2 g ; hydrates de carbone 17,2 g ; fibres 4 g ; cholestérol 1 mg

SI VOUS NE TROUVEZ PAS
DE PETITS PAINS DANS VOTRE
BOULANGERIE DE QUARTIER,
POURQUOI NE PAS PRÉPARER
LES VÔTRES ? PRÉVOYEZ
UNE DOUBLE PORTION POUR
EN CONGELER LA MOITIÉ.

Valeur énergétique 1 300 kJ (311 cal)
Lipides 10,4 g
Graisses saturées 4,6 g
Protéines 3,1 g
Hydrates de carbone 48,8 g
Fibres 3,3 g
Cholestérol 19 mg

PETITS PAINS SUCRÉS

4 cuil. à café de levure sèche

1 cuil. à soupe de cassonade

2 cuil. à café d'agar-agar

300 g de farine sans gluten

135 g de farine de riz

2 cuil. à café de sel

40 g de son de riz

60 g de beurre, fondu et refroidi

2 cuil. à soupe de graines de pavot
ou de sésame (facultatif)

huile de colza ou d'olive

PRÉPARATION : 40 MINUTES
+ TEMPS DE REPOS
CUISSON : 35 MINUTES
POUR 8 PETITS PAINS

Préchauffer le four à 200 °C (th. 6-7). Graisser 8 petits moules individuels de 10 x 5,5 cm.

Mettre la levure, le sucre et 500 ml d'eau chaude dans une jatte, mélanger jusqu'à ce que la levure soit dissoute et laisser reposer 10 minutes près d'une source de chaleur, jusqu'à ce que le mélange soit mousseux.

Tamiser l'agar-agar et les farines dans une grande jatte, ajouter le sel et le son de riz, et creuser un puits au centre. Verser le mélange à base de levure et le beurre fondu dans le puits et mélanger jusqu'à obtention d'une pâte souple. Les mains farinées, diviser la pâte en huit, façonner en ovales et mettre dans les moules. Parsemer de graines de pavot ou de sésame.

Couvrir et laisser lever 45 minutes à 1 heure près d'une source de chaleur, jusqu'à ce que la pâte ait atteint le sommet des moules.

Cuire 25 à 30 minutes au four préchauffé, jusqu'à ce que les petits pains soient bien cuits. Huiler une ou deux fois en cours de cuisson de sorte qu'ils ne noircissent pas. Démouler et laisser refroidir sur une grille.

CONSEILS :
• La levure sans gluten se conserve au congélateur.
• L'agar-agar s'achète dans les magasins d'alimentation diététique. Cet ingrédient est très utile puisqu'il confère aux ingrédients les mêmes propriétés que le gluten.
• Ces petits pains sont meilleurs le jour même mais il est également possible de les congeler 2 mois.

PETITS PAINS À LA RICOTTA

CES PETITS PAINS RAVIRONT CEUX QUI SE SENTENT PRIVÉS PAR UN RÉGIME SANS GLUTEN. ILS SONT PARFAITS POUR UN PIQUE-NIQUE OU UN PETIT-DÉJEUNER SUR LE POUCE.

120 g de farine de pomme de terre
175 g de farine de riz
2 cuil. à café de levure sans gluten
85 g de beurre
3 à 4 cuil. à soupe de lait
lait ou eau
1 cuil. à soupe de graines de pavot

GARNITURE À LA RICOTTA
185 g de ricotta
2 oignons verts, finement hachés

PRÉPARATION : 20 MINUTES
CUISSON : 15 MINUTES
POUR 4 À 6 PERSONNES

Préchauffer le four à 180 °C (th. 6). Graisser un moule de 20 cm de diamètre.

Dans une jatte, tamiser les farines et la levure, incorporer le beurre avec les doigts de façon à obtenir une consistance de chapelure et creuser un puits au centre. Verser le lait dans le puits, mélanger jusqu'à obtention d'une pâte souple et pétrir sur un plan de travail saupoudré de farine de riz.

Abaisser la pâte en un rectangle de 5 mm d'épaisseur entre deux feuilles de papier sulfurisé. Procéder en retirant et tournant régulièrement le papier sulfurisé de sorte qu'il n'adhère pas à la pâte.

Pour la garniture, battre la ricotta jusqu'à ce qu'elle soit crémeuse, ajouter les oignons verts et bien mélanger. Répartir la garniture sur la pâte.

Rouler la pâte en s'aidant du papier sulfurisé, couper en tranches de 2 cm d'épaisseur et répartir dans le moule, côté coupé vers le haut. Enduire de lait ou d'eau, parsemer de graines de pavot et cuire 12 à 15 minutes au four préchauffé. Servir chaud ou froid.

Valeur énergétique 1 467 kJ (350 cal) ; lipides 17 g ; graisses saturées 10,5 g ; protéines 7,4 g ; hydrates de carbone 40,1 g ; fibres 2,4 g ; cholestérol 53 mg

SCONES

UNE INTOLÉRANCE AU GLUTEN NE DOIT PAS ÊTRE SYNONYME DE PRIVATIONS. CETTE RECETTE VOUS PERMETTRA DE PRENDRE LE THÉ OU LE CAFÉ ENTRE AMIS TOUT EN VOUS RÉGALANT.

550 g de farine levante sans gluten
3 cuil. à café de levure sans gluten
80 g de beurre, ramolli
1 cuil. à soupe de sucre en poudre
310 ml de lait
crème fouettée, pour servir

confiture de fraises,
pour servir

PRÉPARATION : 10 MINUTES
CUISSON : 15 MINUTES
POUR 12 SCONES

Préchauffer le four à 220 °C (th. 7-8). Chemiser une plaque de four de papier sulfurisé.

Dans une jatte, tamiser la farine, la levure et une pincée de sel, incorporer le beurre avec les doigts de façon à obtenir une consistance de chapelure et creuser un puits au centre. Mettre le sucre dans le puits, verser le lait et mélanger à l'aide d'un couteau jusqu'à ce que la préparation s'agglomère.

Pétrir la pâte sur un plan de travail saupoudré de farine sans gluten, abaisser de sorte qu'elle ait 2 cm d'épaisseur et découper des ronds à l'aide d'un emporte-pièce de 5,5 cm de diamètre. Mettre les ronds sur la plaque chemisée en les espaçant de 1 cm, abaisser les chutes et répéter l'opération.

Cuire 12 à 15 minutes au four préchauffé, jusqu'à ce que les scones soient cuits. Servir chaud accompagné de crème fouettée et de la confiture de fraises.

CONSEILS :
• Veiller à utiliser une farine sans gluten adaptée à la préparation de gâteaux. Les résultats seront meilleurs avec une farine composée d'un mélange de différents types de farine sans gluten.
• Les personnes présentant une intolérance aux produits laitiers pourront remplacer le lait par du lait de riz ou de soja. Vérifier que la farine utilisée ne contient pas de lait en poudre.

Valeur énergétique 999 kJ (239 cal) ; lipides 6,8 g ; graisses saturées 4,3 g ; protéines 1,6 g ; hydrates de carbone 42,7 g ; fibres 4,8 g ; cholestérol 20 mg

MUFFINS AU MAÏS ET À LA CIBOULETTE

300 g de farine levante sans gluten

2 cuil. à café de levure sans gluten

2 cuil. à soupe de cassonade

100 g de maïs en boîte, égoutté

2 cuil. à soupe de ciboulette fraîche hachée

250 ml de lait

4 cuil. à soupe d'huile de colza ou d'olive

2 œufs, légèrement battus

PRÉPARATION : 15 MINUTES

CUISSON : 20 MINUTES

POUR 10 MUFFINS

Préchauffer le four à 180 °C (th. 6). Graisser un moule à muffins à 10 alvéoles.

Dans une jatte, tamiser la farine et la levure, ajouter le sucre, le maïs et la ciboulette, et creuser un puits au centre. Battre les œufs avec le lait et l'huile, verser le tout dans le puits et mélanger à l'aide d'une cuillère métallique. Répartir la préparation obtenue dans les alvéoles du moule.

Cuire 18 à 20 minutes au four préchauffé, jusqu'à ce que la pointe d'un couteau piquée au centre ressorte sans trace de pâte. Laisser tiédir 5 minutes, démouler sur une grille et laisser refroidir complètement.

CONSEILS :
- Une combinaison de différents types de farine sans gluten réagit toujours mieux à la cuisson.
- Les personnes présentant une intolérance aux produits laitiers pourront remplacer le lait par du lait de riz ou de soja. Vérifier que la farine utilisée ne contient pas de lait en poudre.
- Comme la plupart des pâtisseries sans gluten, ces muffins ne se conservent pas très longtemps. Il faudra les consommer le jour-même ou les conserver 1 mois au congélateur.

IL EST SOUVENT DIFFICILE DE SE
PROCURER UN EN-CAS SANS
GLUTEN. LE PLUS SIMPLE RESTE
DE PRÉPARER DE QUOI GRIGNOTER
ET DE L'EMPORTER AVEC VOUS.
CES PETITS MUFFINS SONT
PARFAITS CAR ILS SONT LÉGERS
ET PAUVRES EN CALORIES.

Valeur énergétique 948 kJ (226 cal)
Lipides 10 g
Graisses saturées 1,5 g
Protéines 3,9 g
Hydrates de carbone 29,4 g
Fibres 3,8 g
Cholestérol 41 mg

161

Mini-pancakes

Vous apprécierez particulièrement ces mini-pancakes pour le goûter ou au petit-déjeuner. Soyez sûr que les enfants et les adolescents en réclameront.

115 g de farine sans gluten
½ cuil. à café de bicarbonate
1 cuil. à café de crème de tartre
4 cuil. à soupe de son de riz
2 œufs, blancs et jaunes séparés
1 cuil. à soupe d'huile de colza
confiture de fraises, pour servir

Préparation : 15 minutes
Cuisson : 25 minutes
Pour environ 24 mini-pancakes

Dans une jatte, tamiser la farine, le bicarbonate et la crème de tartre, ajouter le son de riz et creuser un puits au centre. Battre les jaunes d'œufs avec l'huile et 250 ml d'eau, verser dans le puits et battre jusqu'à obtention d'une consistance homogène.

Monter les blancs d'œufs en neige ferme à l'aide d'un batteur électrique et incorporer à la préparation précédente à l'aide d'une cuillère métallique.

Huiler une poêle, chauffer à feu moyen et verser des cuillerées de pâte en les espaçant de sorte que les pancakes puissent s'étendre à la cuisson. Cuire jusqu'à ce que des bulles apparaissent à la surface, retourner et cuire l'autre côté. Transférer sur une grille et répéter l'opération avec la pâte restante et servir chaud nappé de confiture.

CONSEILS :
• Ces pancakes peuvent être surgelés. Réchauffer brièvement au four avant de consommer.
• Servir avec du sirop d'érable, du miel ou de la confiture de son choix.

Valeur énergétique 151 kJ (36 cal) ; lipides 1,5 g ; graisses saturées 0,2 g ; protéines 0,8 g ; hydrates de carbone 4,6 g ; fibres 0,4 g ; cholestérol 16 mg

BISCUITS À LA CONFITURE

Soyez prêt à préparer un grand nombre de ces petits biscuits
– vous serez rapidement pris de cours pour répondre à la demande.

90 g de beurre doux
110 g de sucre
125 g de farine de riz
¼ de cuil. à café de levure sans gluten
165 g de confiture de fraises, pour servir

Préparation : 20 minutes
Cuisson : 15 minutes
Pour environ 24 biscuits

Préchauffer le four à 190 °C (th. 6-7). Graisser légèrement deux plaques de four.

Dans une jatte, battre le beurre en crème avec le sucre à l'aide d'un batteur électrique jusqu'à ce que le mélange blanchisse, tamiser la farine et la levure dans la jatte et bien mélanger le tout. Incorporer 1 cuillerée à soupe d'eau et mélanger jusqu'à obtention d'une pâte.

Façonner des billes de pâte et répartir sur les plaques de four en espaçant bien de sorte que les biscuits puissent s'étendre à la cuisson.

Creuser le centre de chaque biscuit avec le manche d'une cuillère en bois, verser ¼ de cuillerée à café de confiture dans chaque creux et cuire 10 à 15 minutes au four préchauffé, jusqu'à ce que les biscuits soient légèrement dorés. Laisser refroidir sur une grille.

CONSEILS :
• La pâte sera plus facile à travailler après avoir été mise 30 minutes au réfrigérateur.
• La pâte peut être préparée à l'avance et conservée 2 à 3 jours au réfrigérateur dans un récipient hermétique.
• Pour plus de douceur, ajouter à la pâte 80 g de pépites de chocolat sans gluten.

Valeur énergétique 311 kJ (74 cal) ; lipides 3,2 g ; graisses saturées 2 g ; protéines 0,4 g ; hydrates de carbone 11,2 g ; fibres 0,2 g ; cholestérol 10 mg

APRÈS AVOIR GOÛTÉ CES PETITS
BISCUITS, VOUS VOUDREZ
CERTAINEMENT ESSAYER
D'Y AJOUTER TOUJOURS PLUS
D'INGRÉDIENTS, TELS QUE
DES NOIX, DU CHOCOLAT
OU DES FRUITS SECS.

Valeur énergétique 464 kJ (111 cal)
Lipides 5,9 g
Graisses saturées 3,8 g
Protéines 0,5 g
Hydrates de carbone 13,8 g
Fibres 0,4 g
Cholestérol 18 mg

COOKIES À LA VANILLE

125 g de beurre doux
4 cuil. à soupe de sucre en poudre
1 cuil. à café d'extrait naturel de vanille
150 g de farine sans gluten
70 g de farine levante sans gluten

PRÉPARATION : 15 MINUTES
CUISSON : 15 MINUTES
POUR ENVIRON 18 COOKIES

Préchauffer le four à 170 °C (th. 5-6). Chemiser deux plaques de four de papier sulfurisé.

Dans une jatte, battre le beurre en crème avec le sucre et l'extrait de vanille 1 à 2 minutes à l'aide d'un batteur électrique, tamiser les farines dans la jatte et mélanger à l'aide d'une cuillère en bois. Compacter en boule avec les mains.

Façonner des billes de pâte, répartir sur les plaques et aplatir légèrement à l'aide d'une fourchette de sorte que les biscuits aient 1 cm d'épaisseur. Cuire 12 à 15 minutes au four préchauffé, en interchangeant les plaques une fois en cours de cuisson. Transférer les biscuits sur une plaque et laisser refroidir complètement.

CONSEILS :
• Veiller à conserver les farines avec et sans gluten séparément. La farine de soja doit être mise au réfrigérateur tandis que la plupart des autres farines se conservent simplement à l'abri de la lumière et de la chaleur. La farine se gardera plus longtemps si elle est congelée dans un récipient hermétique – elle n'aura pas besoin d'être décongelée avant utilisation.
• La pâte sera plus facile à travailler après avoir été mise 30 minutes au réfrigérateur.
• Pour plus de douceur, ajouter 100 g de chocolat sans gluten haché, de noix ou de fruits secs à la pâte.

BISCUITS À LA COMPOTE DE POMMES

CES BISCUITS SONT TOUT INDIQUÉS POUR UN PETIT-DÉJEUNER GOURMAND.
VEILLER À UTILISER DU SUCRE GLACE SANS GLUTEN CAR DE NOMBREUSES
MARQUES EN SONT POURVUES.

220 g de farine levante sans gluten

½ cuil. à café de levure sans gluten

175 g de sucre en poudre

2 œufs, légèrement battus

3 cuil. à soupe de jus de pomme

3 cuil. à soupe d'huile de colza

335 g de compote de pommes non sucrée

sucre glace pur, pour servir

PRÉPARATION : 15 MINUTES

CUISSON : 35 MINUTES

POUR ENVIRON 20 BISCUITS

Préchauffer le four à 190 °C (th. 6-7). Graisser un moule de 28 x 18 cm et chemiser le fond et les parois de papier sulfurisé.

Dans une jatte, tamiser la farine et la levure, ajouter le sucre et creuser un puits au centre. Mélanger les œufs, le jus de pomme, l'huile et 125 ml d'eau froide, verser dans le puits et mélanger le tout.

Répartir la moitié de la pâte dans le moule, ajouter la compote de pommes et garnir de la pâte restante de sorte que la compote soit totalement recouverte.

Cuire 30 à 35 minutes au four préchauffé, jusqu'à ce que le biscuit soit doré, laisser tiédir et démouler sur une grille. Laisser refroidir complètement, saupoudrer de sucre glace et couper en 20 biscuits avant de servir.

CONSEILS :
- Veiller à utiliser du sucre glace pur, car certains sucres glaces contiennent du gluten.
- Pour des biscuits à la poire, remplacer la compote de pommes par de la compote de poires, et utiliser du jus de poire à la place du jus de pomme.

Valeur énergétique 475 kJ (113 cal) ; lipides 3,6 g ; graisses saturées 0,4 g ; protéines 1,6 g ; hydrates de carbone 18,3 g ; fibres 0,9 g ; cholestérol 19 mg

MUFFINS À LA RHUBARBE

PROCUREZ-VOUS UN PAQUET DE FARINE SANS GLUTEN ET LE RESTE NE SERA PLUS QU'UNE SIMPLE FORMALITÉ. CONGELEZ LA PÂTE DE FAÇON À POUVOIR PRÉPARER DES MUFFINS À LA DEMANDE.

300 g de farine levante sans gluten
2 cuil. à café de levure sans gluten
140 g de cassonade
185 ml de lait
4 cuil. à soupe d'huile de colza
2 œufs, légèrement battus
**200 g de rhubarbe, parée, nettoyée
et coupée en tronçons de 2 cm**

PRÉPARATION : 15 MINUTES
CUISSON : 20 MINUTES
POUR 12 MUFFINS

Préchauffer le four à 180 °C (th. 6). Graisser un moule à muffins à 12 alvéoles.

Dans une jatte, tamiser la farine et la levure, ajouter le sucre et creuser un puits au centre. Battre les œufs avec le lait et l'huile, verser le tout dans le puits et ajouter la rhubarbe. Mélanger à l'aide d'une cuillère métallique et répartir la préparation obtenue dans les alvéoles du moule.

Cuire 18 à 20 minutes au four préchauffé, jusqu'à ce que la pointe d'un couteau piquée au centre ressorte sans trace de pâte. Laisser tiédir 5 minutes, démouler sur une grille et laisser refroidir complètement.

CONSEILS :
• Ces muffins se consomment le jour-même ou se conservent un mois au congélateur.
• Les personnes présentant une intolérance aux produits laitiers pourront remplacer le lait par du lait de riz ou du lait de soja.

Valeur énergétique 903 kJ (216 cal) ; lipides 8,4 g ; graisses saturées 1,2 g ; protéines 3,8 g ; hydrates de carbone 30,2 g ; fibres 1,8 g ; cholestérol 33 mg

MUFFINS AUX FRUITS ROUGES

300 g de farine sans gluten
1 cuil. à soupe de levure sans gluten
25 g de crème de riz
150 g de sucre en poudre
2 œufs, légèrement battus
375 ml de lait écrémé
2 cuil. à soupe d'huile de colza
250 g de fruits rouges frais ou surgelés

PRÉPARATION : 15 MINUTES
CUISSON : 20 MINUTES
POUR 12 MUFFINS

Préchauffer le four à 200 °C (th. 6-7). Graisser un moule à muffins à 12 alvéoles.

Dans une jatte, tamiser la farine et la levure, ajouter la crème de riz et le sucre, et creuser un puits au centre. Battre les œufs avec le lait et l'huile, verser dans le puits et mélanger le tout. Incorporer les fruits rouges sans trop remuer et répartir la préparation obtenue dans les moules à muffins.

Cuire 20 minutes au four préchauffé, jusqu'à ce que les muffins aient levé et soient bien dorés. Laisser tiédir 5 minutes, démouler sur une grille et laisser refroidir complètement.

CONSEILS :
• Remplacer les fruits rouges par des fruits secs tels que les dattes, les raisins secs ou les abricots secs.
• En cas de diabète, utiliser du sucralose (Splenda®) plutôt que du sucre. En cas d'intolérance aux produits laitiers, remplacer le lait par du lait de soja ou du lait de riz.

SI VOUS PRÉPAREZ CES MUFFINS
POUR DES JEUNES ENFANTS,
UTILISEZ DES MOULES À
MINI-MUFFINS DE SORTE
QUE CES GOURMANDISES
SOIENT PLUS FACILES
À MANGER.

Valeur énergétique 882 kJ (211 cal)
Lipides 4,6 g
Graisses saturées 0,8 g
Protéines 3,3 g
Hydrates de carbone 38,8 g
Fibres 0,9 g
Cholestérol 34 mg

ROULÉ MERINGUÉ AU CAFÉ

CE ROULÉ ORIGINAL EST À BASE DE MERINGUE PLUTÔT QUE DE GÉNOISE.
IL EST GARNI D'UNE MOUSSE AU CAFÉ IRRÉSISTIBLE.

MOUSSE AU CAFÉ
4 jaunes d'œufs
3 cuil. à soupe de sucre
3 cuil. à café de farine de maïs pure
1½ cuil. à café de café instantané

farine de maïs pure,
** pour saupoudrer**
4 blancs d'œufs
110 g de sucre

2 cuil. à café de farine de maïs pure
sucre glace pur, pour saupoudrer

PRÉPARATION : 35 MINUTES
CUISSON : 15 MINUTES
POUR 4 À 6 PERSONNES

Pour la mousse, battre les jaunes d'œufs avec le sucre à l'aide d'un batteur électrique jusqu'à ce que le mélange blanchisse. Délayer la farine de maïs et le café instantané dans 185 ml d'eau, incorporer au mélange précédent et transférer le tout dans une casserole. Porter à ébullition à feu doux sans cesser de remuer de façon à ce que la préparation épaississe, couvrir de film alimentaire et réserver au réfrigérateur.

Préchauffer le four à 200 °C (th. 6-7). Graisser un moule de 25 x 30 cm, chemiser de papier sulfurisé, graisser de nouveau et saupoudrer de farine de maïs.

Monter les blancs d'œufs en neige souple, incorporer progressivement le sucre et la farine de maïs sans cesser de battre et répartir le tout dans le moule. Lisser la surface à l'aide d'une spatule.

Cuire 12 à 15 minutes au four préchauffé, jusqu'à ce que la meringue ait levé et soit dorée, et démouler sur une feuille de papier sulfurisé saupoudrée de sucre glace et laisser tiédir.

Étaler la mousse sur la meringue, rouler sur la longueur en s'aidant du papier sulfurisé et transférer sur un plat de service. Réserver au réfrigérateur.

CONSEILS :
• En cas de diabète, remplacer le sucre par du sucralose (Splenda®).

Valeur énergétique 661 kJ (158 cal) ; lipides 3,2 g ; graisses saturées 1 g ; protéines 4,1 g ; hydrates de carbone 29,3 g ; fibres 0,1 g ; cholestérol 119 mg

TARTE À LA COURGE ET À LA NOIX DE COCO

CETTE TARTE ORIGINALE ACCOMPAGNERA À MERVEILLE UNE TASSE DE THÉ OU DE CAFÉ. VOUS POURREZ MÊME LA SERVIR EN DESSERT AVEC DE LA CRÈME GLACÉE.

1 portion de pâte brisée sans gluten
  (*voir* recettes de base)
375 g de courge butternut cuite et réduite
  en purée
3 œufs, légèrement battus
165 g de cassonade
125 g de crème aigre
30 g de noix de coco râpée

3 cuil. à soupe de sirop de sucre de canne,
  de sirop d'érable ou de miel
sucre glace pur, pour saupoudrer

PRÉPARATION : 25 MINUTES
CUISSON : 1 H 15
POUR 8 À 10 PERSONNES

Préchauffer le four à 200 °C (th. 6). Graisser un moule à tarte de 23 cm de diamètre.

Abaisser la pâte entre deux feuilles de papier sulfurisé, foncer le moule et réserver les chutes.

Mettre le moule sur une plaque, couvrir la pâte de papier sulfurisé froissé et garnir de haricots secs. Cuire 10 minutes au four préchauffé, retirer les haricots et le papier, et cuire encore 10 à 15 minutes, jusqu'à ce que la pâte soit légèrement dorée. Combler les éventuelles fentes dans la pâte avec les chutes et cuire encore 2 minutes, jusqu'à ce que la pâte ait bien pris. Sortir du four et laisser refroidir complètement. Réduire la température du four à 180 °C (th. 6).

Pour la garniture, mélanger tous les ingrédients à l'exception du sucre glace et répartir dans le fond de tarte froid.

Cuire 45 minutes au four préchauffé, jusqu'à ce que la garniture ait pris. Laisser refroidir complètement avant de servir et saupoudrer de sucre glace.

CONSEIL :
• Veiller à utiliser du sucre glace pur car certaines marques de sucre glace comportent du gluten.

Valeur énergétique 1 348 kJ (322 cal) ; lipides 14,7 g ; graisses saturées 9,1 g ; protéines 4,1 g ; hydrates de carbone 44,1 g ; fibres 1 g ; cholestérol 112 mg

Ces petites meringues vous feront oublier votre régime alimentaire. Vous pourrez même les assembler deux par deux avec du chocolat sans gluten fondu. Vous ne pourrez qu'impressionner vos amis.

Valeur énergétique 128 kJ (31 cal)
Lipides 0 g
Graisses saturées 0 g
Protéines 0,3 g
Hydrates de carbone 7,6 g
Fibres 0 g
Cholestérol 0 mg

BISCUITS MERINGUÉS

farine de maïs pure, pour saupoudrer
2 blancs d'œufs
150 g de sucre en poudre
1 cuil. à café de sucre glace pur

PRÉPARATION : 20 MINUTES
CUISSON : 40 MINUTES
POUR ENVIRON 20 BISCUITS

Préchauffer le four à 120 °C (th. 4). Graisser deux plaques de four et saupoudrer de farine de maïs pure.

Monter les blancs d'œufs en neige avec le sucre en poudre et une pincée de sel 10 à 12 minutes à l'aide d'un batteur électrique à vitesse maximale. Incorporer délicatement le sucre glace.

Transférer dans une poche à douille munie d'un embout en forme d'étoile, répartir des rosettes de meringue sur les plaques et cuire 40 minutes au four préchauffé, jusqu'à ce que les meringues soient fermes et sèches. Laisser refroidir dans le four sans l'ouvrir.

CONSEILS :
• Veiller à utiliser du sucre glace pur. Selon les marques, le gluten peut entrer dans la composition du sucre glace.
• La meringue de base permet d'obtenir des petites bouchées croustillantes qui se conservent quelques jours dans un récipient hermétique. Toujours s'assurer que le sucre est bien incorporé aux blancs en neige.
• Une fois refroidies, les meringues peuvent être trempées dans du chocolat sans gluten fondu, puis assemblées deux par deux.

CAKE À LA BANANE

CE CAKE À LA BANANE EST DÉLICIEUX, QUE VOUS LE CONSOMMIEZ CHAUD, FROID OU GRILLÉ. SERVEZ-LE POUR LE GOÛTER OU AU PETIT-DÉJEUNER.

300 g de farine sans gluten

2 cuil. à café de levure sans gluten

125 g de cassonade

¼ de cuil. à café de cannelle en poudre

125 g de beurre, fondu, tiède

125 ml de lait

2 œufs

3 grosses bananes mûres (environ 700 g), écrasées

beurre, pour servir

sirop d'érable ou miel, pour servir

PRÉPARATION : 20 MINUTES

CUISSON : 50 MINUTES

POUR 8 PERSONNES

Préchauffer le four à 170 °C (th. 5-6). Graisser un moule à cake de 21 x 11 cm et chemiser le fond de papier sulfurisé.

Dans une jatte, tamiser la farine, la levure et la cannelle, ajouter le sucre et creuser un puits au centre. Battre les œufs avec le beurre et le lait, verser dans le puits et ajouter les bananes. Mélanger le tout à l'aide d'une cuillère en bois.

Répartir la préparation obtenue dans le moule, lisser la surface et cuire 40 minutes au four préchauffé, jusqu'à ce que la pointe d'un couteau piquée au centre ressorte sans trace de pâte. Laisser tiédir 5 minutes, démouler sur une grille et laisser refroidir complètement. Servir chaud ou froid. Couper en tranches, tartiner de beurre et arroser de sirop d'érable.

CONSEILS :
• Garnir les tranches de cake de ricotta battue plutôt que de beurre.
• Ce cake doit être consommé le jour-même.
• En cas d'intolérance aux produits laitiers, remplacer le lait par du lait de riz ou du lait de soja.
• Éviter d'utiliser un moule en aluminium qui n'assurerait pas une cuisson homogène.

Valeur énergétique 1 588 kJ (379 cal) ; lipides 15,9 g ; graisses saturées 9,4 g ; protéines 6,1 g ; hydrates de carbone 51,5 g ; fibres 3,3 g ; cholestérol 89 mg

PETITS MUFFINS NATURE

CES PETITS MUFFINS SE PRÉPARENT EN UN CLIN D'ŒIL ET FERONT FUREUR
POUR L'ANNIVERSAIRE DE VOS ENFANTS, SURTOUT SI VOUS LES DÉCOREZ
DE CONFISERIES SANS GLUTEN.

125 g de beurre

115 g de sucre en poudre

2 œufs

150 g de farine sans gluten

90 g de farine de riz

3 cuil. à café de levure sans gluten

125 ml de lait

sucre glace pur, pour saupoudrer

PRÉPARATION : 15 MINUTES

CUISSON : 20 MINUTES

POUR 24 PETITS MUFFINS

Préchauffer le four à 180 °C (th. 6). Chemiser deux moules à muffins à 12 alvéoles
de caissettes en papier.

Dans une jatte, battre le beurre en crème avec le sucre à l'aide d'un batteur électrique
jusqu'à ce que le mélange blanchisse. Incorporer les œufs un à un, en battant bien après
chaque ajout.

Tamiser la farine, la farine de riz et la levure dans une autre jatte et incorporer le mélange
précédent en alternant avec le lait.

Répartir la préparation obtenue dans les alvéoles et cuire 15 à 20 minutes au four
préchauffé, jusqu'à ce que les muffins soient juste cuits. Laisser refroidir sur une grille.
Saupoudrer de sucre glace avant de servir ou arroser de nappage sans gluten.

CONSEILS :
• Pour préparer une version sans produits laitiers de cette recette, remplacer le beurre
  par de la margarine végétale et le lait par du lait de riz ou de soja.
• Le sucre glace doit être pur, sans ajout de gluten.
• Pour un nappage au chocolat, tamiser 185 g de sucre glace pur dans une jatte, ajouter
  1 cuillerée à soupe de cacao amer, incorporer assez d'eau pour obtenir une pâte
  homogène et placer la jatte sur une casserole d'eau frémissante. Chauffer sans cesser
  de remuer jusqu'à obtention de la consistance souhaitée.

Valeur énergétique 437 kJ (104 cal) ; lipides 5,1 g ; graisses saturées 3,1 g ; protéines 1,5 g ;
hydrates de carbone 12,9 g ; fibres 0,5 g ; cholestérol 30 mg

Génoise à la fraise

4 œufs
165 g de sucre
150 g d'un mélange de farine sans gluten
et de farine de soja, tamisé
100 g de confiture de fraises
sucre glace pur, pour servir
300 ml de crème fouettée

Préparation : 20 minutes
Cuisson : 30 minutes
Pour 6 à 8 personnes

Préchauffer le four à 180 °C (th. 6). Graisser et fariner deux moules de 20 cm de diamètre et chemiser le fond de papier sulfurisé.

Battre les œufs avec le sucre à l'aide d'un batteur électrique 6 à 7 minutes, jusqu'à ce que le mélange blanchisse. Incorporer délicatement le mélange de farines en alternant avec 4 cuillerées à soupe d'eau chaude et répartir le tout dans les moules.

Cuire 25 à 30 minutes au four préchauffé, jusqu'à ce que la surface des gâteaux soit légèrement dorée et que le centre se soit légèrement affaissé. Démouler sur une grille et laisser refroidir.

Fouetter la crème jusqu'à ce qu'elle soit bien ferme.

Napper une des génoises de confiture et de crème fouettée, couvrir avec l'autre génoise et saupoudrer de sucre glace.

CONSEILS :
• Ce gâteau ne contient aucun agent levant. Sa texture aérée tient au soin apporté au moment de battre les ingrédients. Utiliser une grande cuillère métallique pour mélanger.
• Toutes les confitures peuvent être employées ici.
• Veiller à ce que le sucre glace ne contienne pas de gluten.
• En cas d'intolérance aux produits laitiers, remplacer la crème fouettée par un substitut. Dans une jatte, mélanger 4 cuillerées à soupe d'eau froide avec 1 cuillerée à café de gélatine en poudre, placer la jatte sur une casserole d'eau frémissante et chauffer sans cesser de remuer jusqu'à ce que la gélatine soit dissoute. Laisser tiédir. Battre 125 g de margarine végétale en crème avec 3 cuillerées à soupe de sucre et $\frac{1}{2}$ cuillerée à café d'extrait de vanille, incorporer la gélatine et battre de nouveau jusqu'à obtention d'une consistance homogène.

GRÂCE À CETTE RECETTE,
VOUS POURREZ ENFIN VOUS
RÉGALER AVEC UNE GÉNOISE
MOELLEUSE ET LÉGÈRE,
ET CE MALGRÉ VOTRE
INTOLÉRANCE AU GLUTEN.

Valeur énergétique 1 477 kJ (353 cal)
Lipides 18,9 g
Graisses saturées 11,5 g
Protéines 4,3 g
Hydrates de carbone 42,7 g
Fibres 0,6 g
Cholestérol 123 mg

177

GÂTEAU AU CHOCOLAT ET AUX NOIX SANS FARINE

POUR PRÉPARER CE GÂTEAU, QUI NE CONTIENT PAS DU TOUT DE FARINE, VEILLEZ À UTILISER DU CHOCOLAT DE TRÈS BONNE QUALITÉ.

125 g de noix
250 g de chocolat noir, haché
2 cuil. à soupe de crème fraîche liquide
1 cuil. à café d'extrait naturel de vanille
115 g de sucre en poudre
6 œufs, blancs et jaunes séparés
framboises fraîches, pour servir
crème fouettée, pour servir

PRÉPARATION : 20 MINUTES
CUISSON : 40 MINUTES
POUR 8 PERSONNES

Préchauffer le four à 180 °C (th. 6). Graisser et chemiser de papier sulfurisé un moule de 20 cm de diamètre.

Hacher finement les noix dans un robot de cuisine.

Dans une jatte, mettre le chocolat, la crème fraîche et l'extrait de vanille, placer la jatte sur une casserole d'eau frémissante et retirer immédiatement la casserole du feu. Remuer jusqu'à ce que le chocolat ait fondu et laisser tiédir.

Ajouter le sucre, les jaunes d'œufs et les noix hachées. Monter les blancs d'œufs en neige ferme, incorporer à la préparation précédente et répartir le tout dans le moule. Cuire 40 minutes au four préchauffé, jusqu'à ce que le gâteau soit ferme au toucher, laisser tiédir 5 minutes et démouler sur une grille. Laisser refroidir complètement et servir accompagné de framboises fraîches et de crème fouettée.

CONSEILS :
• Les noix peuvent être remplacées par des amandes ou des noisettes.
• Pour réduire la valeur énergétique de ce gâteau, utiliser de la crème fraîche allégée.

Valeur énergétique 1 660 kJ (398 cal) ; lipides 25,7 g ; graisses saturées 8,6 g ; protéines 8,7 g ; hydrates de carbone 34 g ; fibres 1,4 g ; cholestérol 149 mg

GÂTEAU D'ANNIVERSAIRE

UN ANNIVERSAIRE EST UNE OCCASION UNIQUE, QUI MÉRITE UN VRAI GÂTEAU
— ESSAYEZ CELUI-CI !

farine de maïs pure, pour saupoudrer

6 œufs

220 g de sucre

4 cuil. à soupe d'arrow-root

4 cuil. à soupe de farine de maïs pure

165 g de confiture de fraises

NAPPAGE

3 cuil. à café de gélatine en poudre

500 g de sucre

PRÉPARATION : 1 H 30

CUISSON : 45 MINUTES

POUR 10 À 12 PERSONNES

Préchauffer le four à 180 °C (th. 6). Graisser trois moules de 23 cm de diamètre ou deux moules de 28 x 18 cm et saupoudrer uniformément de farine.

Dans une jatte, battre les œufs avec le sucre à l'aide d'un batteur électrique jusqu'à ce que le mélange blanchisse, incorporer l'arrow-root et la farine de maïs, et répartir le mélange obtenu dans les moules.

Cuire 25 à 30 minutes au four préchauffé, jusqu'à ce que les gâteaux aient levé et soient légèrement dorés. Démouler sur une grille et laisser refroidir.

Assembler les gâteaux avec la confiture de fraises et transférer sur un plat de service.

Pour faire le nappage, dissoudre la gélatine dans 210 ml d'eau, verser dans une casserole et ajouter encore 230 ml d'eau. Incorporer le sucre, porter à ébullition sans cesser de remuer et laisser mijoter 15 minutes à feu doux.

Retirer la casserole du feu et laisser tiédir. Transférer dans une jatte et battre à l'aide d'un batteur électrique à vitesse élevée, jusqu'à ce que la préparation ait doublé de volume. Napper immédiatement le gâteau à l'aide d'une spatule.

CONSEIL :
• Décorer le gâteau de confiseries sans gluten de son choix. Procéder rapidement, avant que le nappage ne prenne.

Valeur énergétique 1 295 kJ (309 cal) ; lipides 2,5 g ; graisses saturées 0,8 g ; protéines 4 g ; hydrates de carbone 70,3 g ; fibres 0,2 g ; cholestérol 94 mg

RECETTES DE BASE

BOUILLON DE BŒUF

2 kg d'os de bœuf

2 carottes non pelées, hachées

2 oignons non pelés, coupés en quartiers

2 cuil. à soupe de concentré de tomates

2 branches de céleri, avec les feuilles, hachées

1 bouquet garni

12 grains de poivre noir

Préchauffer le four à 210 °C (th. 7). Mettre les os dans un plat à gratin et cuire 30 minutes au four préchauffé en remuant de temps en temps. Ajouter les carottes et les oignons, et cuire encore 20 minutes. Laisser refroidir.

Transférer le tout dans une grande casserole à fond épais. Dégraisser le jus de cuisson resté dans le plat, déglacer avec 250 ml d'eau et transférer le tout dans la casserole.

Ajouter le concentré de tomates, le céleri et 2,5 l d'eau. Porter à ébullition en écumant la surface et ajouter le bouquet garni et les grains de poivre. Réduire le feu et laisser mijoter 4 heures à feu doux en écumant régulièrement la surface.

Filtrer dans une passoire chemisée d'étamine, dégraisser et conserver 2 jours au réfrigérateur ou 6 mois au congélateur. Pour environ 1,75 l.

CONSEIL :
- Pour faire son propre bouquet garni, assembler à l'aide d'une ficelle ou mettre dans un morceau d'étamine 4 brins de persil ou de cerfeuil, 1 brin de thym frais et 1 feuille de laurier.

BOUILLON DE VOLAILLE

2 kg d'os de poulet

2 oignons non pelés, coupés en quartiers

2 carottes non pelées, hachées

2 branches de céleri, avec les feuilles, hachées

1 bouquet garni

12 grains de poivre noir

Dans une grande casserole, mettre les os de poulet, les oignons, les carottes, le céleri et 3,5 l d'eau, porter lentement à ébullition en écumant la surface et ajouter le bouquet garni et les grains de poivre. Réduire le feu et laisser mijoter 3 heures en écumant régulièrement la surface.

Filtrer, laisser tiédir et mettre au réfrigérateur jusqu'à ce que le bouillon soit bien froid. Dégraisser la surface, transférer dans un récipient hermétique et conserver 2 jours au réfrigérateur ou 6 mois au congélateur. Pour environ 2,5 l.

CONSEIL :
• Pour faire son propre bouquet garni, assembler à l'aide d'une ficelle ou mettre dans un morceau d'étamine 4 brins de persil ou de cerfeuil, 1 brin de thym frais et 1 feuille de laurier.

BOUILLON DE LÉGUMES

1 cuil. à soupe d'huile

1 oignon, haché

2 poireaux, grossièrement émincés

4 carottes, hachées

2 navets, hachés

4 branches de céleri entières, hachées

2 feuilles de laurier

1 bouquet garni

4 gousses d'ail, non pelées

8 grains de poivre noir

Dans une grande casserole à fond épais, chauffer l'huile, ajouter l'oignon, les poireaux, les carottes, les navets et le céleri, et couvrir. Cuire 5 minutes sans laisser brunir, ajouter 3 litres d'eau et porter à ébullition. Ajouter les feuilles de laurier, le bouquet garni, l'ail et les grains de poivre, réduire le feu et laisser mijoter 1 heure. Écumer régulièrement la surface.

Filtrer le bouillon, laisser refroidir et transférer dans un récipient hermétique. Conserver 2 jours au réfrigérateur ou 6 mois au congélateur. Pour environ 2,5 l.

CONSEIL :
• Pour faire son propre bouquet garni, assembler à l'aide d'une ficelle ou mettre dans un morceau d'étamine 4 brins de persil ou de cerfeuil, 1 brin de thym frais et 1 feuille de laurier.

FUMET DE POISSON

2 kg de parures de poisson
1 branche de céleri, avec les feuilles, grossièrement hachée
1 oignon, haché
1 carotte non pelée, hachée
1 poireau, émincé
1 bouquet garni
12 grains de poivre noir

Dans une grande casserole à fond épais, mettre les parures de poisson, le céleri, l'oignon, la carotte, le poireau et 2 litres d'eau, porter lentement à ébullition et écumer la surface. Ajouter le bouquet garni et les grains de poivre, réduire le feu et laisser mijoter 20 minutes à feu doux en écumant régulièrement la surface.

Filtrer le fumet dans un passoire chemisée de mousseline sans presser les éléments solides de façon à obtenir un fumet clair. Laisser refroidir, conserver 2 jours au réfrigérateur ou 6 mois au congélateur. Pour 1,75 l.

VINAIGRETTE

3 cuil. à soupe d'huile d'olive
2 cuil. à soupe de vinaigre de vin blanc
1 cuil. à café de moutarde en grains
poivre fraîchement moulu, à volonté

Mettre tous les ingrédients dans un shaker et secouer vigoureusement. Utiliser immédiatement. Pour environ 125 ml.

SAUCE ITALIENNE

3 cuil. à soupe de vinaigre de vin blanc
3 cuil. à soupe d'huile d'olive
½ cuil. à café de sucre
1 cuil. à soupe de basilic frais haché

Mettre le vinaigre, l'huile d'olive et le sucre dans une terrine, battre jusqu'à ce que le tout soit bien mélangé et incorporer le basilic. Laisser refroidir 15 minutes avant de servir. Pour environ 125 ml.

184

MAYONNAISE

2 jaunes d'œufs
¼ de cuil. à café de sel
250 ml d'huile de colza
½ cuil. à café de jus de citron

Dans un bol, mettre les jaunes d'œufs et le sel, et battre jusqu'à obtention d'une consistance épaisse.

Incorporer un quart de l'huile goutte à goutte en battant bien jusqu'à obtention d'une consistance épaisse et ajouter l'huile restante en filet mince sans cesser de battre. Incorporer le jus de citron et conserver dans un bol en verre 3 jours au réfrigérateur. Pour environ 250 ml.

CONSEIL :
• La mayonnaise peut être préparée à l'aide d'un robot de cuisine. Avec les ingrédients ci-dessus, mixer les jaunes d'œufs avec le sel quelques secondes et, moteur en marche, ajouter l'huile en filet mince.

CHUTNEY À LA MANGUE

1 cuil. à soupe d'huile
2 gousses d'ail, hachées
1 cuil. à café de gingembre râpé
2 bâtons de cannelle
4 clous de girofle
½ cuil. à café de poudre de piment
1 kg de chair de mangue mûre fraîche ou surgelée, grossièrement hachée
375 ml de vinaigre blanc
250 g de sucre en poudre

Dans une casserole à fond épais, chauffer l'huile à feu moyen, ajouter l'ail et le gingembre, et faire revenir 1 minute. Ajouter les ingrédients restants et porter à ébullition.

Réduire le feu au minimum et cuire 1 heure, jusqu'à ce que la mangue ait une consistance de confiture. La préparation doit tomber de la cuillère en morceaux. Saler selon son goût et incorporer du piment supplémentaire selon son goût. Retirer les épices entières.

Transférer le chutney dans un bocal chaud stérilisé (laver le bocal à l'eau bouillante et sécher au four). Sceller et laisser refroidir complètement. Conserver au réfrigérateur après ouverture. Pour environ 500 ml.

Sauce tomate

1,5 kg de tomates
1 cuil. à soupe d'huile d'olive
1 oignon, finement haché
2 gousses d'ail, hachées
2 cuil. à soupe de concentré de tomates
1 cuil. à café d'origan séché
1 cuil. à café de basilic séché
1 cuil. à café de sucre

Pratiquer une incision en croix à la base de chaque tomate, plonger dans de l'eau bouillante 10 secondes et transférer dans de l'eau glacée. Peler en partant de la croix et hacher finement la chair.

Dans une casserole, chauffer l'huile, ajouter l'oignon et cuire 3 minutes à feu moyen, jusqu'à ce qu'il soit tendre. Ajouter l'ail et cuire encore 1 minute. Ajouter les tomates, le concentré de tomates, l'origan, le basilic et le sucre, porter à ébullition et réduire le feu. Laisser mijoter 20 minutes, jusqu'à ce que la sauce ait épaissi légèrement. Conserver dans un récipient hermétique 2 jours au réfrigérateur ou 6 mois au congélateur. Pour environ 1,5 l.

Confiture de fraises

1,25 kg de sucre
1,5 kg de fraises
125 ml de jus de citron

Étaler le sucre sur une plaque et cuire 10 minutes au four préchauffé à 120 °C (th. 1-2) en remuant régulièrement. Mettre 2 assiettes au congélateur. Équeuter les fraises, mettre dans une grande casserole et ajouter le jus de citron, le sucre et 125 ml d'eau. Chauffer à feu doux sans laisser bouillir et en remuant délicatement à l'aide d'une cuillère en bois. Veiller à ne pas trop écraser les fraises.

Augmenter le feu et chauffer encore 10 minutes sans cesser de remuer et sans laisser bouillir, jusqu'à ce que le sucre soit dissous. Augmenter le feu, porter à ébullition et laisser bouillir 20 minutes sans remuer. Pour tester la cuisson, mettre un peu de confiture sur une assiette : une peau doit se former à la surface et se plisser si l'on y passe le doigt. Le processus de cuisson peut prendre 40 minutes. Retirer du feu, laisser reposer 5 minutes et écumer la surface. Transférer dans un bocal stérilisé, sceller et étiqueter. Pour environ 1 litre.

PÄTE SABLÉE

190 g de farine sans gluten
90 g de beurre froid, coupé en dés
1 œuf, légèrement battu

PRÉPARATION AVEC ROBOT DE CUISINE. Mettre la farine et le beurre dans un robot de cuisine et mixer jusqu'à obtention d'une consistance de chapelure. Ajouter l'œuf et 1 à 2 cuillerées à café d'eau de sorte que la pâte s'agglomère. Ne pas ajouter plus d'eau que nécessaire. Transférer sur un plan saupoudré de farine sans gluten et compacter en boule. Envelopper de film alimentaire et mettre au réfrigérateur jusqu'à ce que la pâte soit ferme. Abaisser entre deux feuilles de papier sulfurisé légèrement saupoudré de farine sans gluten, foncer le moule et mettre 30 minutes au réfrigérateur de sorte que la pâte ne rétrécisse pas et ne se craquelle pas à la cuisson.

PRÉPARATION À LA MAIN. Tamiser la farine dans une jatte, incorporer le beurre avec les doigts jusqu'à obtention d'une consistance de chapelure et creuser un puits au centre. Ajouter l'œuf et 1 à 2 cuillerée à café d'eau de sorte que la pâte s'agglomère. Ne pas ajouter plus d'eau que nécessaire. Transférer sur un plan saupoudré de farine sans gluten et compacter en boule. Envelopper de film alimentaire et mettre au réfrigérateur jusqu'à ce que la pâte soit ferme. Abaisser entre deux feuilles de papier sulfurisé légèrement saupoudré de farine sans gluten, foncer le moule et mettre 30 minutes au réfrigérateur de sorte que la pâte ne rétrécisse pas et ne se craquèle pas à la cuisson.

CONSEILS :
- Cette pâte est très fine et plus difficile à manipuler que de la pâte contenant du gluten. Combler les éventuelles fentes en utilisant les chutes.
- Il est possible de remplacer le beurre par de la margarine végétale. Il faudra alors utiliser moins d'eau, voire pas du tout, et la pâte ne prendra complètement qu'après réfrigération.
- Utiliser une farine constituée de différents types de farine sans gluten plutôt qu'un seul.

187

PÂTE SABLÉE SUCRÉE

190 g de farine sans gluten

3 cuil. à soupe de sucre glace pur

90 g de beurre froid, coupé en dés

1 œuf, légèrement battu

PRÉPARATION AVEC ROBOT DE CUISINE. Mettre la farine, le sucre glace et le beurre dans un robot de cuisine et mixer jusqu'à obtention d'une consistance de chapelure. Ajouter l'œuf et 1 à 2 cuillerées à café d'eau de sorte que la pâte s'agglomère. Ne pas ajouter plus d'eau que nécessaire. Transférer sur un plan saupoudré de farine sans gluten et compacter en boule. Envelopper de film alimentaire et mettre au réfrigérateur jusqu'à ce que la pâte soit ferme. Abaisser entre deux feuilles de papier sulfurisé légèrement saupoudré de farine sans gluten, foncer le moule et mettre 30 minutes au réfrigérateur de sorte que la pâte ne rétrécisse pas et ne se craquèle pas à la cuisson.

PRÉPARATION À LA MAIN. Tamiser la farine et le sucre glace dans une jatte, incorporer le beurre avec les doigts jusqu'à obtention d'une consistance de chapelure et creuser un puits au centre. Ajouter l'œuf et 1 à 2 cuillerée à café d'eau de sorte que la pâte s'agglomère. Ne pas ajouter plus d'eau que nécessaire. Transférer sur un plan saupoudré de farine sans gluten et compacter en boule. Envelopper de film alimentaire et mettre au réfrigérateur jusqu'à ce que la pâte soit ferme. Abaisser entre deux feuilles de papier sulfurisé légèrement saupoudré de farine sans gluten, foncer le moule et mettre 30 minutes au réfrigérateur de sorte que la pâte ne rétrécisse pas et ne se craquèle pas à la cuisson.

CONSEILS :
- Cette pâte est très fine et plus difficile à manipuler que de la pâte contenant du gluten. Combler les éventuelles fentes en utilisant les chutes.
- Il est possible de remplacer le beurre par de la margarine végétale. Il faudra alors utiliser moins d'eau, voire pas du tout, et la pâte ne prendra complètement qu'après réfrigération.
- Utiliser une farine constituée de différents types de farine sans gluten plutôt qu'un seul.

Adresses utiles

Association française
des intolérants au gluten (AFDIAG)
15, rue d'Hauteville
75010 Paris
Tél. : 01 56 08 08 22
Fax : 01 56 08 08 42
Email : afdiag@yahoo.fr
Web : www.afdiag.org

Association canadienne
de la maladie cœliaque
5170 Dixie Road, suite 204
Mississauga, ON L4W 1E3
Tél. : (905) 507 6208
ou 1 800 363 7296
Email : info@celiac.ca
Web : www.celiac.ca

Association suisse romande
de la cœliakie
Route du Lac 2,
1094 paudex
Case postale 1215
1001 Lausanne
Tél. : 021 796 33 00
Fax : 021 796 33 11
Email : info@coeliakie.ch
Web : www.coeliakie.ch/arc

Société belge de la cœliaquie
9, rue des Waides
4633 Melen
Tél. : 04 377 37 49
Email : info@sbc-asbl.be
Web : www.sbc-asbl.be

A

Abricots
  Riz au lait épicé aux abricots 134
Agneau
  Agneau à la grecque 118
  Agneau épicé au dal 125
  Ragoût d'agneau aux haricots 93
  Rôti d'agneau aux fines herbes
    et ses légumes 94
Aubergine
  Sambal d'aubergine 57

B

Banane
  Cake à la banane 174
Biscuits
  Biscuits à la compote de pommes 166
  Biscuits à la confiture 163
  Biscuits meringués 173
Bœuf
  Bœuf à la coriandre 101
  Bouillon de bœuf 182
  Lasagnes de bœuf aux épinards 85
  Salade de bœuf aux nouilles 128
  Salade de poivrons au bœuf
    et aux olives 112
Bouillon
  Bouillon de bœuf 182
  Bouillon de légumes 183
  Bouillon de volaille 183
Brochettes de thon et leur sauce
  tomate aux pois chiches 88

C

Cake à la banane 174
Calmars à la grecque 102
Caramel
  Pudding au caramel 141
Champignons
  Œufs brouillés aux tomates
    et aux champignons grillés 37
  Mousse de champignons 59
  Salade de champignons grillés
    aux haricots verts 75
  Vivaneau aux champignons 121

Chocolat
  Gâteau au chocolat et aux noix
    sans farine 178
  Pudding au chocolat et sa sauce
    au chocolat 142
Chou
  Choux farcis au poulet 65
  Sauté de nouilles au chou et au porc
    120
Chutney à la mangue 185
Ciboulette
  Muffins au maïs et à la ciboulette
    160
Citrouille
  Pizza à la citrouille 68
Citron
  Poires pochées au sirop à la vanille
    et au citron 147
Citronnelle
  Salade de fruits au gingembre
    et à la citronnelle 149
Compote
  Biscuits à la compote de pommes
    166
  Compote de fruits secs 46
  Compote de pommes à la neige
    135
Confiture
  Biscuits à la confiture 163
  Confiture de fraises 186
Cookies à la vanille 165
Coriandre
  Bœuf à la coriandre 101
  Poisson au gingembre et son riz
    à la coriandre 109
Courge
  Tarte à la courge et à la noix de coco
    171
  Velouté de courge butternut 76
Craquelins 63
Crêpes 34
  Crêpes au sarrasin 35
  Crêpes et leur sauce au café 146
Crevettes
  Sauté de noix de crevettes
    et de noix de Saint-Jacques 129
Crumpets 38

D

Dal
  Agneau épicé au dal 125
  Dal aux légumes 84
Dip aux pois chiches 58

E

En-cas au maïs soufflé 52
Épinards
  Lasagnes de bœuf aux épinards 85

F

Fraise
  Confiture de fraises 186
  Génoise à la fraise 176
  Parfait aux framboises et aux fraises
    136
Framboises
  Parfait aux framboises et aux fraises
    136
Fromage blanc
  Tarte au fromage blanc 70
Fruits de mer
  Pâtes aux fruits de mer 108
  Risotto de fruits de mer 123
Fruits rouges
  Muffins aux fruits rouges 168
Fruits secs
  Compote de fruits secs 46
Fumet de poisson 184

G

Gâteau
  Gâteau au chocolat et aux noix
    sans farine 178
  Gâteau d'anniversaire 179
Gaufres 39
Génoise à la fraise 176
Germes de soja
  Poulet aux pois mange-tout, aux
    germes de soja et aux nouilles 96
Gingembre
  Poisson au gingembre et son riz
    à la coriandre 109

Salade de fruits au gingembre
et à la citronnelle 149

H
Hachis de poulet au piment 89
Hamburgers 117
Haricots
Haricots à la tomate 42
Ragoût d'agneau aux haricots 93
Riz aux deux haricots
et aux pois chiches 86
Salade de champignons grillés
aux haricots verts 75
Salade de roquette aux haricots
cannellini 74
Houmous 55

L
Lasagnes de bœuf aux épinards
85
Légumes
Bouillon de légumes 183
Dal aux légumes 84
Poulet et ses légumes du soleil
107
Rôti d'agneau aux fines herbes
et ses légumes 94
Lentilles
Ragoût de porc aux lentilles
à la hongroise 92
Salade épicée aux lentilles 71
Soupe de navet aux lentilles 79

M
Maïs
En-cas au maïs soufflé 52
Muffins au maïs et à la ciboulette
160
Mangue
Chutney à la mangue 185
Mayonnaise 185
Miel
Poulet au miel 66
Mini-pancakes 162

Mini-quiches
Mini-quiches aux patates douces 62
Mini-quiches aux poireaux 60
Mousse de champignons 59
Muesli sans gluten 31
Muffins
Muffins à la rhubarbe 167
Muffins au maïs et à la ciboulette 160
Muffins aux fruits rouges 168
Petits muffins nature 175

N
Navet
Soupe de navet aux lentilles 79
Noix
Gâteau au chocolat et aux noix
sans farine 178
Noix et graines au tamari 54
Pain aux noix 152
Noix de coco
Tarte à la courge et à la noix de coco
171
Nouilles
Poulet aux pois mange-tout, aux
germes de soja et aux nouilles 96
Salade de bœuf aux nouilles 128
Sauté de nouilles au chou et au porc
120

O
Œufs
Œufs brouillés aux tomates
et aux champignons grillés 37
Œufs en cocotte 43
Œufs pochés aux épinards
et leur sauce au yaourt à l'ail 40
Omelette aux tomates cerises 45
Olives
Pâtes aux tomates et aux olives 116
Salade de poivrons au bœuf
et aux olives 112

P
Paella végétarienne 91

Pain
Pain aux noix 152
Pain blanc 154
Petits pains à la ricotta 158
Petits pains salés 155
Petits pains sucrés 157
Parfait aux framboises et aux fraises 136
Patate douce
Mini-quiches aux patates douces 62
Pâte sablée 187
Pâte sablée sucrée 188
Pâtes
Pâtes aux fruits de mer 108
Pâtes aux tomates et aux olives 116
Pêches à la ricotta 138
Petits muffins nature 175
Petits pains
Petits pains à la ricotta 158
Petits pains salés 155
Petits pains sucrés 157
Piment
Hachis de poulet au piment 89
Pizza à la citrouille 68
Poireaux
Mini-quiches aux poireaux 60
Poires pochées au sirop à la vanille
et au citron 147
Pois chiches
Brochettes de thon et leur sauce
tomate aux pois chiches 88
Dip aux pois chiches 58
Riz aux deux haricots et aux pois
chiches 86
Pois mange-tout
Poulet aux pois mange-tout, aux
germes de soja et aux nouilles 96
Poisson
Fumet de poisson 184
Poisson au gingembre et son riz
à la coriandre 109
Poisson en croûte de riz pilé 110
Poisson tandoori 100
Soupe de poisson 78
Vivaneau aux champignons 121
Poivron
Salade de poivrons au bœuf
et aux olives 112

Pomme
  Pommes au four 144
  Pudding de sagou aux pommes 143
  Tarte aux pommes et aux fruits rouges 133
Porc
  Ragoût de porc aux lentilles à la hongroise 92
  Sauté de nouilles au chou et au porc 120
Porridge aux flocons de riz 30
Poulet
  Choux farcis au poulet 65
  Hachis de poulet au piment 89
  Poulet au miel 66
  Poulet aux pois mange-tout, aux germes de soja et aux nouilles 96
  Poulet croustillant 105
  Poulet et ses légumes du soleil 107
  Poulet rôti 115
  Salade de poulet thaïe 124
  Terrine de veau au poulet 67
  Tourte au poulet 126
Pudding
  Pudding au caramel 141
  Pudding au chocolat et sa sauce au chocolat 142
  Pudding de sagou aux pommes 143

Q
Quinoa aux fruits frais 47

R
Ragoût d'agneau aux haricots 93
Ragoût de porc aux lentilles à la hongroise 92
Rhubarbe
  Muffins à la rhubarbe 167
Ricotta
  Pêches à la ricotta 138
  Petits pains à la ricotta 158
Risotto
  Risotto aux petits légumes 104
  Risotto de fruits de mer 123

Riz
  Poisson au gingembre et son riz à la coriandre 109
  Poisson en croûte de riz pilé 110
  Porridge aux flocons de riz 30
  Risotto aux petits légumes 104
  Risotto de fruits de mer 123
  Riz au lait épicé aux abricots 134
  Riz aux deux haricots et aux pois chiches 86
Rogan josh 99
Rôti d'agneau aux fines herbes et ses légumes 94
Roulé meringué au café 170

S
Saint-Jacques
  Sauté de noix de crevettes et de noix de Saint-Jacques 129
Salade
  Salade de bœuf aux nouilles 128
  Salade de champignons grillés aux haricots verts 75
  Salade de fruits au gingembre et à la citronnelle 149
  Salade de fruits d'été 32
  Salade de poivrons au bœuf et aux olives 112
  Salade de poulet thaïe 124
  Salade de roquette aux haricots cannellini 74
  Salade épicée aux lentilles 71
Sambal d'aubergine 57
Sarrasin
  Crêpes au sarrasin 35
Sauce au café
  Crêpes et leur sauce au café 146
Sauce italienne 184
Sauce tomate 186
  Brochettes de thon et leur sauce tomate aux pois chiches 88
Sauté
  Sauté de noix de crevettes et de noix de Saint-Jacques 129

Sauté de nouilles au chou et au porc 120
Sauté de poivrons aux haricots rouges et aux pois chiches 97
Scones 159
Sorbet aux fruits de la passion 139
Soupe
  Soupe de navet aux lentilles 79
  Soupe de poisson 78
  Soupe vietnamienne 81
  Velouté de courge butternut 76
Spaghettis à la bolognaise 113

T
Taboulé au sarrasin grillé 73
Tarte
  Tarte à la courge et à la noix de coco 171
  Tarte au fromage blanc 70
  Tarte aux pommes et aux fruits rouges 133
Terrine de veau au poulet 67
Thon
  Brochettes de thon et leur sauce tomate aux pois chiches 88
Toasts à l'italienne 48
Tomate
  Œufs brouillés aux tomates et aux champignons grillés 37
  Omelette aux tomates cerises 45
  Haricots à la tomate 42
  Pâtes aux tomates et aux olives 116
Tourte au poulet 126

V
Vanille
  Cookies à la vanille 165
  Poires pochées au sirop à la vanille et au citron 147
Veau
  Terrine de veau au poulet 67
Velouté de courge butternut 76
Vinaigrette 184
Vivaneau aux champignons 121
Volaille
  Bouillon de volaille 183